ZHONGGUOZHISHICHANQUANSHENPAN
NIANDUDIANXINGANLIPINGXI

（2018年卷）

中国知识产权审判年度典型案例评析

本书编委会◎编

中国法制出版社
CHINA LEGAL PUBLISHING HOUSE

序　言

知识产权保护是激励创新的基本手段，是创新原动力的基本保障，是国际竞争力的核心要素。近日，中共中央办公厅、国务院办公厅印发了《关于加强知识产权审判领域改革创新若干问题的意见》，其中指出，不断深化知识产权审判领域改革，充分发挥知识产权司法保护主导作用，树立保护知识产权就是保护创新的理念，优化科技创新法治环境，推动实施创新驱动发展战略，为实现"两个一百年"奋斗目标和建设知识产权强国、世界科技强国提供有力司法保障。

近年来，人民法院受理的知识产权案件数量快速增长，知识产权司法保护越来越得到社会各界的持续广泛关注，司法保护知识产权的主导作用进一步显现。随着案件数量的快速增长，涉及复杂技术事实认定和法律适用的新类型、疑难复杂案件大量涌现，案件审理难度不断加大。各级法院开拓思路，大胆创新，先后进行了一系列有益探索，产生了一批影响重大、社会关注度高的典型案例。这些典型案例不仅很好地解决了纠纷，还明确了法律适用标准、阐明了法律保护的界限，有效规范了当事人和社会公众的行为，充分发挥了司法保护的规则引导作用，提高了知识产权保护的可预期性。

作为这些典型案例的审判者和裁判者，对其所审理的疑难复杂、新类型案例撰写理论评析文章，分析法律难题，分享审判思路，这不仅具有司法实践意义，更具有法律理论意义，对探讨交流知识产权司法保护经验具有重要的参考价值。

因此，特精选一年来我国各地法院知识产权法官案例评析文章，汇编成册出版，供社会各界交流、学习参考。

本书编委会
2018 年 3 月 15 日

目　录

Contents

一、专利案件

二、商标案件

三、著作权案件

四、不正当竞争案件

五、植物新品种案件

六、其他类型案件

一、专利案件

ZHUAN LI AN JIAN

1

发明申请临时保护使用费及专利侵权赔偿数额的确定

——LG 伊诺特有限公司诉日本电产（东莞）有限公司发明专利临时保护期使用费和侵害发明专利权纠纷案

【案号】

一审：北京知识产权法院（2015）京知民初字第 338 号

二审：北京市高级人民法院（2017）京民终 55 号

【裁判要旨】

在发明申请临时保护期内实施该发明的技术方案虽然不构成侵犯专利权的行为，但该发明申请被授权后，专利权人有权主张临时保护期的利益或损失。临时保护期内实施发明所需支付的费用，可以参照有关专利许可使用费合理确定；没有专利许可使用费可以参照的，可以综合考虑专利权的类型、实施发明的行为性质和情节以及查明的事实等，参照专利法第六十五条有关侵权赔偿的规定处理。

【案情介绍】

涉案专利系 ZL200820135640.3 号名称为“主轴电机”的发明专利，专利权人为 LG 伊诺特有限公司（简称 LG 公司）。2015 年 8 月 21 日，针对日本电产（东莞）有限公司（简称日本电产公司）就涉案专利提出的无效宣告请求，专利复审委员会作出第 26901 号无效宣告请求审查决定（简称第 269011 号决定），决定：宣告涉案专利权部分无效，在 LG 公司

2015年7月6日提交的权利要求1－69的基础上继续维持该专利有效。LG公司依据专利复审委员会维持有效的权利要求提起本案诉讼。

被控侵权产品为日本电产公司生产并由北京中南双绿科技有限公司（简称中南双绿公司）销售的DVD刻录机中型号分别为J130、K160、K070、G210主轴电机产品。日本电产公司在接受东莞市知识产权局调查时，认可K160、K070、G210三种型号的主轴电机由其在2013年6月份左右开始生产，分别生产了230万个、147万个、28万个且已，没有库存，生产成本大约分别是5.02元、6.16元、7.46元/个左右，销售价格分别是5.29元、6.49元、7.86元/个。

根据LG公司的申请，法院赴日立乐金光公司进行调查取证，日立乐金光公司提交了K070、G210的主轴电机产品实物，并提交了其与日本电产公司关于型号为J130、K160、K070、G210的主轴电机的交易凭证、采购数量和单价等材料。根据日立乐金光公司提供的数据，其中采购数量及总价为：1. K160型号，2014年5月，共采购99720个，总价约为89648美元；2014年7月－2014年11月，共采购2192460个，总价约为1919500美元。2. K070型号，2014年4月－2014年6月，共采购399600个，总价约为428848美元；2014年7月－2014年10月，共采购973097个，总价约为1039800美元。3. G210型号，2013年3月－2014年6月，共采购95290个，总价约为122829美元；2014年7月－2015年11月，共采购5330个，总价约为6900美元；4. J130型号；2013年5月－2014年6月，共采购6966060个，总价约为6587132美元；2014年7月－2014年9月，共采购679534个，总价约为597990美元。

日本电产公司向法院提供了K160、K070、G210三种型号主轴电机的在2013年10月至2014年10月间的销售价格、生产数量及出货数量，认可日立乐金光公司向其采购了被控侵权产品，其还表示相关主轴电机由生产部门销售给该公司营业部，利润率一般为5%至6%，但其称“J130的数据查不到了”。

LG公司为本案支付人民币17500元和11000元公证费，购买光驱产品费用为人民币735元、672元、345元、638元、1350元，已支付“侵权诉讼代理费”计人民币175000元，支付“专利侵权行政调处代理费”计人民币100000元。

LG公司诉讼主张，日本电产公司应赔偿其经济损失人民币1439123元，并支付在涉案专利临时保护期内制造、销售J130型号主轴电机的费用人民币2426834元，共计人民币3865957元，并承担LG公司为调查和制止其侵权行为支付的合理调查费和律师费人民币30万元。

北京知识产权法院认为，涉案专利在本案中应作为有效专利进行保护。日本电产公司实施了制造、销售被控侵权产品的行为，中南双绿公司实施了销售J130型号主轴电机的行为。J130型号主轴电机的技术方案落入涉案专利申请公布时请求保护的权利要求的保护范围。根据法院向日立乐金光公司调查取证的材料来看，日本电产公司至少自2013年5月始开始制造、销售该型号主轴电机，早于涉案专利授权公告日，故在日本电产公司未按法院要求提交相应证据的情况下，可以认定日本电产公司在涉案专利的临时保护期内实施了该发明，应当承担相应的民事责任；同时也可以认定日本电产公司未经许可，制造、销售J130型号主轴电机，构成专利侵权，应当承担停止侵权、赔偿损失等民事责任。基于与J130型号主轴电机的技术方案落入涉案专利保护范围基本相同的理由，K160、K070、G210型号主轴电机的技术方案亦落入涉案专利的保护范围。日本电产公司未经许可，制造、销售K160、K070型号主轴电机，构成专利侵权，应当承担停止侵权、赔偿损失等民事责任。中南双绿公司未经许可，销售带有构成侵权的J130型号主轴电机的DVD刻录机，其行为同样属于实施涉案专利的行为，构成专利侵权，应当承担LG公司所诉请的停止侵权的民事责任。在LG公司已经提供日本电产公司获利初步证据的情况下，日本电产公司无正当理由未按法院要求提供J130型号主轴电机的制造、销售材料，亦未提交被控侵权产品的营业利润证据，故LG公司根据日立乐金光公司提供的J130型号主轴电机的产量、单价和汇率换算以及日本电产公司所认可的6%利润率所提出的主张，合法有据，可以作为确定临时保护期使用费的依据，应予全额支持。参考上述确定J130型号主轴电机临时保护期使用费时所考虑的日本电产公司未提供相应证据以及对有关数据的矛盾未作出合理解释等因素，在LG公司提交初步证据的情况下，日本电产公司因侵权获利而应赔偿LG公司人民币1202048元。LG公司在行政调处过程中支付的10万元律师费与本诉讼案件无关，不应予以支持。但对LG公司主张的“侵权诉讼代理费”予以支持。另外，由于被控侵权产品系作为光驱或刻录机内部配件，且日本电产公司在行政调处撤案后已收回其制造、销售的K160、K070、G210三种型号主轴电机样品，其在理应清楚知晓上述型号主轴电机技术方案的情况下，在本案诉讼中又不对LG公司提交的主轴电机实物发表质证意见，故LG公司为确定取得置于光驱或刻录机内部的被控侵权产品，多次公证购买终端产品具有合理性，其所支付的终端产品费用以及公证费，应当予以支持。鉴于判决日本电产公司停止侵权即可达到制止侵权的法律效果，且LG公司请求日本电产公司销毁库存的被控侵权产品、制造上述被控侵权产品的专用模具和其他工具以及产品包装、说明书、相关产品推广资料、产品图纸、产品型录等，缺乏事实依据，故对LG公司的该项诉讼请求不予支持。北京知识产权法院判决：一、日本电产公司立即停止制造、销售涉案侵权产品；二、中南双绿公司自立即停止销售含有24C293J130型号主轴电机的产品；三、日本电产公司支付LG公司发明专利临时保护期使用费共计人民币242.6834万元；四、日本电产公司赔偿LG公司经济损失共计人民币120.2048元；五、日本电产公司赔偿LG公司合理支出共计人民币20.7246；六、驳回LG伊诺特有限公司的其他诉讼请求。

北京市高级人民法院经审理认为，被控侵权产品落入了为涉案专利的保护范围，日本电产公司有关被控侵权产品使用的是现有技术的上诉理由依据不足，原审法院确定日本电产公司应当承担的损害赔偿责任，包括临时保护期使用费、侵权赔偿数额及LG公司的合理支出，并无不当。日本电产公司在二审庭审时临时增加的有关现有技术抗辩及原审法院审理程序违法的上诉主张缺乏依据，故判决：驳回上诉，维持原判。

【法官评析】

本案主要涉及专利侵权判断、侵权责任及二审新增上诉理由的审理等问题，这里仅分析损害赔偿责任的问题。专利法第六十五条规定：“侵犯专利权的赔偿数额按照权利人因被侵权所受到的实际损失确定；实际损失难以确定的，可以按照侵权人因侵权所获得的利益确定。权利人的损失或者侵权人获得的利益难以确定的，参照该专利许可使用费的倍数合理确定。赔偿数额还应当包括权利人为制止侵权行为所支付的合理开支。权利人的损失、侵权人获得的利益和专利许可使用费均难以确定的，人民法院可以根据专利权的类型、侵权行为的性质和情节等因素，确定给予一万元以上一百万元以下的赔偿。”依照专利法第六十五第一款的规定追究侵权人的赔偿责任时，可以根据权利人的请求，按照权利人因被侵权所受到的损失或者侵权人因侵权所获得的利益确定赔偿数额。本案中，根据 LG 公司的诉讼请求及法院审理情况，日本电产公司应当承担的损害赔偿责任包括临时保护期使用费、侵权赔偿数额及 LG 公司的合理支出。

首先，关于临时保护期使用费的确定。在发明申请临时保护期内实施该发明的技术方案虽然不构成侵犯专利权的行为，但该发明申请被授权后，专利权人有权主张临时保护期的利益或损失。临时保护期内实施发明所需支付的费用，可以参照有关专利许可使用费合理确定；没有专利许可使用费可以参照的，可以综合考虑专利权的类型、实施发明的行为性质和情节以及查明的事实等，参照专利法第六十五条有关侵权赔偿的规定处理。本案日本电产公司在涉案专利的临时保护期内制造、销售 J130 型号主轴电机，应当承担相应的民事责任，而 LG 公司主张依法院从日立乐金光公司调取的数据，自 2013 年 5 月 –2014 年 6 月，共采购 J130 型号主轴电机 6966060 个，根据单价及日本电产公司认可的 6% 利润率计算，获利人民币 2426834 元，故应按获利数额支付在涉案专利临时保护期内实施该发明的费用。经查，原审法院向日立乐金光公司调查取证取得的材料显示，2013 年 5 月至 2014 年 6 月（处于涉案专利临时保护期内），日立乐金光公司向日本电产公司共采购 J130 型号主轴电机 6966060 个，总价款约为 6587132 美元。原审法院对日本电产公司进行证据保全时，要求其提供 J130 型号主轴电机在 2013 年至 2015 年期限内的产量、单价及利润情况，其仅提供了 K160、K070、G210 三种型号主轴电机的生产销售数据，并以“J130 的数据查不到了”未由而拒不提供。原审法院对日本电产公司进行证据保全时，其工作人员表示被控侵权产品利润率一般为 5% 至 6%，并认可日立乐金光公司向其采购了被控侵权产品。同时，针对日本电产公司提出的有关利润依据的异议，原审法院已向其释明可以补充提供相应证据，但日本电产公司在庭审后始终未予提交。在 LG 公司已经提供日本电产公司获利初步证据，而日本电产公司无正当理由未按法院要求提供 J130 型号主轴电机的制造、销售材料，亦未提交被控侵权产品的营业利润证据的情况下，法院采纳了 LG 公司根据日立乐金光公司提供的 J130 型号主轴电机的产量、单价和汇率换算以及日本电产公司所认可的 6% 利润率作为确定临时保护期使用费的依据。

其次，日本电产公司在涉案专利公告授权后制造、销售 J130、K160、K070、G210 四种型号主轴电机，构成专利侵权，应当承担停止侵权、赔偿损失等民事责任。LG 公司主张 K160、K070、G210 型号主轴电机的销售数量及利润情况依东莞市知识产权局对日本电产公司的勘验笔录记载内容为准，J130 型号主轴电机的销售数量及利润情况按照法院从日立乐金光公司调取的数据计算，故日本电产公司应赔偿其经济损失人民币 1439123 元。经查，尽管日本电产公司提供了 K160、K070、G210 三种型号主轴电机的生产销售数据资料，但该数据与日本电产公司董事兼总经理在东莞市知识产权局现场勘验谈话时的陈述严重不符。根据日本电产公司董事兼总经理在东莞市知识产权局现场勘验谈话时的陈，自 2013 年 6 月份左右开始生产后，K160 型号制造了 230 万个，每个的成本为人民币 5. 02 元，销售价格为人民币 5. 29 元，即获利人民币 62. 1 万元；K070 型号制造了 147 万个，每个的成本为人民币 6. 16 元，销售价格为人民币 6. 49 元，即获利人民币48.51万元；G210型号制造了28万个，每个的成本为人民币7.46元，销售价格为人民币7.86元，即获利人民币11.2万元。在日本电产公司未作出合理解释，且在原审法院允许其进一步补充提交证据而仍未提交的情况下，原审法院以“东莞市知识产权局对日本电产公司的勘验笔录记载内容”为赔偿数额计算依据并无不当。由于日本电产公司董事兼总经理在上述现场勘验谈话中提及的K160、K070、G210三种型号主轴电机的生产数量、销售价格系自“2013年6月份左右开始生产”后的情况，而日立乐金光公司提供的证据中明确记载有涉案专利公告授权前的采购数据，故在确定赔偿数额时，应当将日立乐金光公司该部分数据情况予以考虑，即应扣除按相同利润率、LG公司主张的当月汇率等汇总金额。也即是，在涉案专利公告授权前，日立乐金光公司采购K160型号99720个，总价约为89648美元，按6%利润率及当月汇率折算后，获利人民币33188元；采购K070型号399600个，总价约为428848美元，折算获利人民币158624元；采购G210型号95290个，总价约为122829美元，折算获利人民币45263元，共应扣除的金额共计人民币237075元。此外，由于日本电产公司未提供J130型号主轴电机的制造、销售数量及利润情况，故可依LG公司主张的按日立乐金光公司提交数据进行计算，即共计人民币221023元。因此，法院参考上述确定J130型号主轴电机临时保护期使用费时所考虑的日本电产公司未提供相应证据亦未对有关数据的矛盾作出合理解释等因素，在LG公司提交初步证据的情况下，确定本电产公司因侵权获利而应赔偿LG公司人民币1202048元。

最后，关于合理支出的确定。LG公司主张日本电产公司应承担LG公司为调查和制止侵权行为支付的合理调查费和律师费人民币30万元，而LG公司提交的证据显示，其为本案支付了公证费人民币17500元和11000元，购买光驱产品费用为人民币735元、672元、345元、638元、1350元，已支付“侵权诉讼代理费”计人民币175000元，支付“专利侵权行政调处代理费”计人民币100000元。经查，LG公司在行政调处过程中支付的10万元律师费与本诉讼案件无关，LG公司主张的“侵权诉讼代理费”应予支持。LG公司为确定取得置于光驱或刻录机内部的被控侵权产品，多次公证购买终端产品，具有合理性，其所支付的终端产品费用以及公证费应予支持。

本案是权利人及主要侵权人均为国外企业的专利侵权案件，本案的审理在一定程度上表明，近年来我国知识产权保护环境已经得到改善，并得到了国际大企业的认可，越来越多的国际企业也愿意将知识产权纠纷案件放在我国解决。

（刘晓军　作者单位：北京市高级人民法院知识产权庭法官）

2

许诺销售不承担损害赔偿责任的认定

——青岛科尼乐机械设备有限公司诉青岛迪凯机械设备有限公司侵害实用新型专利权纠纷案

【案号】

一审：北京知识产权法院（2015）京知民初字第2160号

二审：北京市高级人民法院（2017）京民终339号

【裁判要旨】

许诺销售侵犯他人专利权的产品，同样构成侵犯专利权行为。但如果没有证据证明许诺销售侵权行为导致专利权人的实际损失或侵权人的实际获利，且专利权人可能提供其他诉讼获得侵权赔偿的，则该许诺销售侵权人可以不承担损害赔偿责任，但应当赔偿专利权人为制止侵权所支付的合理支出费用。

【案情介绍】

一、关于涉案专利的基本事实

涉案专利系名称为“行星式搅拌机的一种高效传动装置”的实用新型专利（简称涉案专利），专利权人为青岛科尼乐机械设备有限公司（简称青岛科尼乐公司）。

青岛科尼乐公司于2013年起诉青岛迪凯机械设备有限公司（简称青岛迪凯公司）侵犯涉案专利权，青岛科尼乐公司在该案中主张的被控侵权行为包括青岛迪凯公司于2014年5月在中国国际展览中心举办的第十四届中国国际冶金工业展览会上对其“DEX XP系列行星式搅拌机”的参展行为，以及青岛科尼乐公司提供的拆解被控侵权产品的照片和录像中显示的被控侵权产品。在该展览会上，青岛迪凯公司的展位上有多处“青岛迪凯机械设备有限公司DEX行星式搅拌机”字样的宣传材料，在其展位上获得的宣传资料上印有“DEX”“行星式搅拌机”宣传彩页上列有“项目MP50 MP150 MP150 MP250 MP330 MP500 MP750 MP1000 MP1500 MP2000 MP2500 MP3000”的技术参数列表。在被控侵权产品照片和拆解录像中显示，该案被控侵权产品上标识有“DEX”“DEX立轴行星式搅拌机”“DEX立轴行星式搅拌机MP1500 1000”等字样。青岛迪凯公司认可前述照片和录像上显示的被控侵权产品为其生产。山东省青岛市中级人民法院经审理认定侵权成立，山东省高级人民法院二审判决维持原判。

青岛科尼乐公司在本案中指控的侵权行为为：1. 青岛迪凯公司于2015年9月在位于中国国际住宅产业暨建筑工业化产品与设备博览会上的参展过程中，展位上有多处“青岛迪凯机械设备有限公司DEX行星式搅拌机”字样的宣传材料，在其展位上获得的宣传资料上印有“DEX”、“行星式搅拌机”、宣传彩页上列有“项目MP50 MP100 MP150 MP250 MP330 MP500 MP750 MP1000 MP1250 MP1500 MP2000 MP2500 MP3000 MP4000”（共14个型号）的技术参数列表。2. 2015年9月，青岛迪凯公司在其网站上刊载的内容中有“DEX©”信息，公司新闻栏目中有发布时间为2015年8月24日的“八月依旧火热发货中”信息，在“产品中心”中的“行星式搅拌机”栏目中，载有标注着“DEX”的产品照片，该照片标注着文字“行星式搅拌机”，并配有“项目 MP50 MP100 MP150 MP250 MP330 MP500 MP750 MP1000 MP1250 MP1500 MP2000 MP2500 MP3000 MP4000”的技术参数列表。经查，在青岛迪凯公司参展的宣传资料和公司网站上刊载的企业产品介绍中，包括本案被控侵权的14个型号在内，共计出现了47个型号的青岛迪凯公司产品。

原审法院于2016年4月13日裁定查封、扣押青岛迪凯公司的财务账册及库存被控侵权产品，并于2016年4月15日至青岛迪凯公司的住所地执行该裁定并送达相关诉讼材料，青岛迪凯公司的工作人员靳兆田向原审法院表示“材料可以接收，转交给公司老板，但是账册和产品因为老板不在，所以不方便给你们”。原审法院要求其三个工作日内将裁定保全的证据提交法院，该工作人员表示“听清了”，但在签收应诉材料和裁定书后拒绝在谈话笔录上签字。其后，青岛迪凯公司一直未向法院提交其财务账册或用以证明其产品生产和销售数量的相关证据。原审法院在2016年6月13日组织双方当事人进行的询问中，要求青岛迪凯公司于三个工作日内提交财务账册，但青岛迪凯公司仍未提交。

2016年6月15日，青岛迪凯公司提交书面说明表示，其于2015年6月即已经完成新的技术研发并申请了201520448913. X号、名称为“一种新型多转向输出传动装置”的实用新型专利，故“自在2015年6月完成此新产品研发后，青岛迪凯公司生产的DEX MP系列搅拌机就开始使用此产品，不再使用与涉案专利中的传动装置相同或类似的技术方案”、“如果法院认为‘库存被控侵权产品’特指青岛迪凯公司生产的DEX MP系列搅拌机，青岛迪凯公司愿意配合法院的取证工作，以法院认为适当的方式提供DEX MP系列搅拌机所用的传动装置（产品部件）”。青岛迪凯公司随该说明一并提交了第201520448913. X号实用新型专利文件及涉案专利和第201520448913. X号实用新型专利的技术方案比对，但未提交其产品实物或照片等证据。

青岛迪凯公司在诉讼中表示“DEX MP”不是产品型号，“DEX”是其公司标识，“MP”是行星式搅拌机英文缩写，青岛迪凯公司的产品没有规范的型号，只有规格，其规格是用产品容量限制的，其2014年参展的产品和2015年参展的产品是不一样的，是不同的产品，其宣传册因为印刷的原因可能滞后。经法院询问，青岛迪凯公司仅提供了一张其自称的产品照片，并认可该照片上无法看出传动装置，但认为该照片可以看出其产品是长方形的，而青岛科尼乐公司专利为圆形结构，两者具有明显区别，并表示2015年6月之后其不再生产被控侵权产品，所以没有库存产品可以提交。

原审法院于2016年4月15日至青岛市城阳国家税务局调取了青岛迪凯公司2013年1月至2016年3月的企业所得税和增值税申报记录，其中显示青岛迪凯公司2014年6月至2016年3月的增值税项目对应的全部销售收入为28793447.64元。另，青岛迪凯公司企业所得税项目对应的全部销售收入在多个申报周期内为0或负数。

青岛科尼乐公司在原审庭审时主张以青岛迪凯公司纳税记录对应的全部销售收入为基数，乘以本案被控侵权的14个型号的产品占青岛迪凯公司全部47个型号产品的比例，即29.8%，再乘以本行业40%的平均利润率，以此得到青岛迪凯公司实施侵权行为的获利数额，并主张鉴于青岛迪凯公司为重复侵权，要求以该数额加倍确定本案的赔偿责任。青岛迪凯公司则坚持其不构成侵权故不同意赔偿，并表示根据其企业所得税项目对应的全部销售收入和应税销售收入，其毛利润率只有5%到10%，扣除成本后利润率不到1%。

北京知识产权法院认为：青岛科尼乐公司对涉案专利享有的专利权应当受到法律保护，其有权提起本案诉讼并不构成重复起诉。青岛迪凯公司涉案的14个型号的DEX MP系列行星式搅拌机落入涉案专利的保护范围，鉴于青岛科尼乐公司提交的在案证据可以证明青岛迪凯公司对外许诺销售DEX MP系列行星式搅拌机，且青岛迪凯公司自认其DEX MP系列行星式搅拌机在2015年6月之后仍在制造和销售，故青岛迪凯公司对被控侵权的DEX MP系列行星式搅拌机的制造、销售、许诺销售行为均构成对涉案专利的侵权行为。关于青岛迪凯公司应当承担的赔偿责任。根据青岛迪凯公司销售收入中涉案的14个型号的产品的利润，法院确定青岛迪凯公司的侵权获利数额为3588000元。青岛科尼乐公司有关应对青岛迪凯公司处以双倍赔偿的主张缺少法律依据。青岛科尼乐公司主张公证费、律师费，亦提交了公证书，并有专业诉讼代理人代理本案，但其并未提交票据和相应的委托合同等证据证明，仅提供了相关公证费票据，故而对于青岛科尼乐公司的该项主张酌情予以考量，不全额支持青岛科尼乐公司关于合理支出的主张。综上，北京知识产权法院判决：一、青岛迪凯公司立即停止生产、销售、许诺销售涉案的被控侵权产品；二、青岛迪凯公司赔偿青岛科尼乐公司经济损失三百五十八万八千元；三、青岛迪凯公司赔偿青岛科尼乐公司合理支出二万元；四、驳回青岛科尼乐公司的其他诉讼请求。

二审期间，各方当事人认可在山东省高级人民法院及青岛市中级人民法院审理的前案判决生效后，青岛科尼乐公司仍在各地人民法院指控青岛迪凯公司侵犯其涉案专利权。青岛科尼乐公司认可青岛迪凯公司2017年以来实施第201520448913x号实用新型专利的产品不侵犯涉案专利权。

【法官评析】

本案主要涉及侵权行为及相应的法律责任的认定问题，即本案被控侵权行为是否包括了生产、销售行为，还是仅为许诺销售行为，其间涉及举证责任的分配及证明责任的负担等问题，以及许诺销售侵权行为如何确定赔偿数额。

（一）关于侵权行为的认定

首先，关于证明责任的确定和分配。《中华人民共和国民事诉讼法》第六十四条第一款规定："当事人对自己提出的主张，有责任提供证据。"《最高人民法院关于适用〈中华人民共和国民事诉讼法〉的解释》第九十条规定："当事人对自己提出的诉讼请求所依据的事实或者反驳对方诉讼请求所依据的事实，应当提供证据加以证明，但法律另有规定的除外。在作出判决前，当事人未能提供证据或者证据不足以证明其事实主张的，由负有举证证明责任的当事人承担不利的后果。"一般说来，已为生效裁判文书所确认的事实，除非当事人确有相反证据推翻的外，都可以免除当事人的举证责任。

其次，根据在先生效的山东省两级法院裁判文书的认定，青岛迪凯公司生产、销售、许诺销售的 DEX MP 系列行星式搅拌机已经被认定为侵犯了涉案专利的专利权。青岛迪凯公司在本案中被控侵权的 14 个型号为 DEX M 的 P 系列行星式搅拌机，其虽主张 DEX MP 系列行星式搅拌机中的"DEX MP"并非产品型号而是规格，其产品没有型号，故而其产品的技术方案与前案不同。但是，考虑到青岛迪凯公司作为注册资本两百万元和年销售收入上千万元的大型企业，其产品售价在十几万元到几十万元，但却主张其产品没有型号，与日常生活经验和常识不符。在青岛迪凯公司未提供有效相反证据的情况下，可以认定涉案 14 个型号的 DEX MP 系列行星式搅拌机落入涉案专利的保护范围。

最后，青岛迪凯公司在二审诉讼中虽主张其于 2015 年 6 月起已经对其产品采用了第 201520448913x 号实用新型专利技术方案故不侵犯涉案专利权，青岛科尼乐公司在接受法院询问时也认可青岛迪凯公司 2017 年以来实施第 201520448913x 号实用新型专利的产品不侵犯其涉案专利权，且即便由此可以认定第 201520448913x 号实用新型技术不同于涉案专利故采用第 201520448913x 号实用新型的产品不构成对涉案专利的侵权，但青岛迪凯公司并未提交有效证据证明其在本案被控侵权行为实施期间已在其全部搅拌机产品中实际实施了第 201520448913x 号实用新型专利。因此，青岛迪凯公司针对涉案 14 个型号的被控侵权产品的参展和网络宣传行为，属于为生产经营目的许诺销售行为，构成对涉案专利的侵权。

（二）关于侵权赔偿责任

在专利侵权司法实践中，侵权损害赔偿往往是重点和难点问题。《中华人民共和国专利法》第六十五条第一款规定："侵犯专利权的赔偿数额按照权利人因被侵权所受到的实际损失确定；实际损失难以确定的，可以按照侵权人因侵权所获得的利益确定。权利人的损失或者侵权人获得的利益难以确定的，参照该专利许可使用费的倍数合理确定。赔偿数额还应当包括权利人为制止侵权行为所支付的合理开支。"《最高人民法院关于审理侵犯专利权纠纷案件应用法律若干问题的解释（二）》第二十七条规定："权利人因被侵权所受到的实际损失难以确定的，人民法院应当依照专利法第六十五条第一款的规定，要求权利人对侵权人因侵权所获得的利益进行举证；在权利人已经提供侵权人所获利益的初步证据，而与专利侵权行为相关的账簿、资料主要由侵权人掌握的情况下，人民法院可以责令侵权人提供该账簿、资料；侵权人无正当理由拒不提供或者提供虚假的账簿、资料的，人民法院可以根据权利人的主张和提供的证据认定侵权人因侵权所获得的利益。"《最高人民法院关于审理专利纠纷案件适用法律问题的若干规定》第二十二条规定："权利人主张其为制止侵权行为所支付合理开支的，人民法院可以在专利法第六十五条确定的赔偿数额之外另行计算。"可见，侵权损害赔偿首先应当有专利权人举证，在专利权人提供了初步证据后，侵权人也负有一定的举证责任。

首先，虽然青岛科尼乐公司指控青岛迪凯公司生产、销售、许诺销售了被控侵权产品，但从其在本案中提交的证据及本案已查明的事实来看，现有证据仅能证明青岛迪凯公司于2015年9月在位于北京市顺义区的中国国际住宅产业暨建筑工业化产品与设备博览会上展示了被控侵权产品的宣传材料，以及青岛迪凯公司2015年9月在其网站上刊登了被控侵权产品的图片、技术参数列表及相关销售信息。青岛科尼乐公司在本案中并未提供被控侵权产品的实物，也没有提供其他能够证明青岛迪凯公司在2014年5月以后继续生产和销售被控侵权产品的证据。青岛科尼乐公司如果坚持指控青岛迪凯公司在2014年5月以后实施了针对被控侵权产品的生产和销售行为，应当提供有效证据证明该主张。原审法院仅凭青岛迪凯公司在2014年5月以后实施了针对被控侵权产品的许诺销售行为的证据，就将举证责任转移至青岛迪凯公司，并在青岛迪凯公司未提供相应证据的情况下直接认定其从事了生产、销售被控侵权产品的行为，其举证责任分配显然不当，并导致其事实认定错误。

其次，由于本案现有证据仅能证明青岛迪凯公司在2014年5月以后实施了针对被控侵权产品的许诺销售行为，不能证明青岛迪凯公司在2014年5月以后实施了针对被控侵权产品的生产和销售行为，故原审法院确定的赔偿责任错误。由于青岛科尼乐公司没有提交有效证据证明青岛迪凯公司针对被控侵权产品的许诺销售侵权行为给青岛科尼乐公司造成了实际损失，原审法院虽然依职权调取了青岛迪凯公司在青岛市城阳国家税务局申报的增值税申报记录，但现有证据并不能证明该增值税申报记录中的销售收入就是青岛迪凯公司实施侵犯青岛科尼乐公司涉案专利权所获得的收益。

最后，在山东省高级人民法院及山东省青岛市中级人民法院审理的前案判决生效后，青岛科尼乐公司仍在其他法院起诉青岛迪凯公司侵犯其涉案专利权，如果青岛迪凯公司在2014年5月后仍实施了生产、销售被控侵权产品的侵权行为，而本案支持青岛科尼乐公司有关青岛迪凯公司赔偿其经济损失的诉讼请求，则很可能使本案和青岛科尼乐公司在其他法院起诉的侵权案件重复计算赔偿责任。因此，本案对青岛科尼乐公司要求青岛迪凯公司赔偿其经济损失的诉讼请求不予支持。但是，青岛迪凯公司毕竟实施了许诺销售侵权行为，其应当承担青岛科尼乐公司为本案所支出的合理开支。

综上所述，二审法院认定本案被控侵权行为仅为许诺销售行为，不包括一审法院认定的生产、销售被控侵权产品的行为，且专利权人已经在其他人民法院起诉青岛迪凯公司侵犯涉案专利权，本案不宜重复判定损害赔偿数额。

（刘晓军　作者单位：北京市高级人民法院知识产权庭法官）

3

非新产品制造方法专利侵权认定中的举证责任分配

——赵良新诉中国文化遗产研究院侵害发明专利权纠纷案

【案号】

一审：北京市第三中级人民法院（2015）京知民初字第7号

二审：北京市高级人民法院（2017）京民终402号

【裁判要旨】

在涉及方法专利的侵害专利权纠纷中，应结合具体案情对侵权指控成立的可能性和双方当事人的举证能力等因素合理分配举证责任。对于非新产品的方法专利，如果专利权人能够证明被诉侵权人制造了同样产品，经尽力举证仍无法证明被诉侵权人确实使用了该专利方法，但根据案件情况，结合已知事实及日常生活经验，能够认定该同样产品经由专利方法制造的可能性很大的，则不应要求专利权人承担进一步的举证责任，而由被诉侵权人提供其制造方法不同于专利方法的证据，被诉侵权人拒不举证或举证不能的，可以推定其使用了该专利方法。

【案情介绍】

涉案专利名称为“古建彩绘的制作方法”，专利号为201010156763.7，申请日为2010年4月27日，公开日为2010年8月18日，授权公告日为2013年9月25日，申请人及专利权人为赵良新。涉案专利申请公开及授权公告的权利要求1一致，具体如下：“1. 一种古建彩绘的制作方法，其特征在于，包括以下步骤：步骤S1：根据每一色图案对应一丝网印版确定该彩绘所需丝网印版的数量，并根据图案覆盖的方式确定各丝网印版所对应的印刷顺序及图案，根据该图案制成丝网印版；其中，各丝网印版上的图案面积大于或等于该彩绘成品上对应色所实际显示的图案面积；步骤S2：向各色颜料中加水及白乳胶，搅拌成均匀的糊状混合物，将该糊状混合物过筛网待用，且该筛网的目数大于该颜料的色所对应的丝网印版的目数；步骤S3：按印刷顺序选取丝网印版及对应色的糊状混合物，以图案覆盖方式将各丝网印版上的各色图案印刷于承印物上。”

2012年5月，承德市文物局委托中国文化遗产研究院（简称文化遗产研究院）编制《承德安远庙油饰彩画修复工程设计》，其中，关于安远庙普度殿油饰彩画修复方案部分有如下记载：补做普度殿内1－3层白堂篦子天花，纹饰、颜色及使用材料参考残留天花前期调查结果，使用与原材料相近的传统材料和工艺进行重绘，即在篦子上裱糊两道高丽纸（麻70%、桑皮30%），再把画好天花经裱糊贴于篦子上，最终软天花纸地仗达到4－5层。天花绘六字真言纹样，绘制使用无机矿物颜料……

2013年1月10日，文化遗产研究院与避暑山庄及周围寺庙文化遗产保护工程指挥部工作办公室于河北省承德市签订《河北省文物保护工程施工合同》，根据该合同约定，文化遗产研究院作为承包人承包了安远庙、殊像寺彩画保护工程施工，工程工期为2013年1月10日至2013年11月16日。合同总金额为10903693元，其中，涉及安远庙清代彩画修复工程的合同金额为4949438.15元。资金来源为财政拨款。

文化遗产研究院为证明其系采取传统手绘方法制作安远庙天花，提交了2013年4月至10月间的施工现场照片和施工人员自行制作的2013年8月、9月和10月的《施工日志》及天花谱子的实物照片等证据，赵良新对上述证据的真实性予以认可。上述证据中，文化遗产研究院主张5月至9月间的数幅照片表明施工人员系采用手绘方式制作，具体涉及的是包黄胶步骤。在《施工日志》的“工作范围及事项”一栏有诸如“普度殿内三层彩画刷色沥粉”“普度殿内三层包黄胶”“普度殿内三层贴金打金胶”“普度殿内三层刷栏杆打点活”等记载，文化遗产研究院主张，刷色、沥粉、包黄胶、打点活等均系手绘方法所特有的工艺步骤。但其同时表示，沥粉之前的步骤在上述施工日志中没有记录，因之前的步骤并非在现场完成，而是在北京完成的。赵良新认可刷色沥粉等系手绘工艺步骤，但其表示沥粉、包黄胶、打点活等均不在涉案专利权利要求 1 保护范围内，并非本案争议的方法步骤，且上述证据均无法体现天花制作的全部步骤，不能证明文化遗产研究院系采取传统手绘方法制作。

2015 年 3 月 12 日，赵良新向一审法院提出司法鉴定申请，请求对安远庙天花是手绘还是丝网印刷进行鉴定。文化遗产研究院亦同意通过鉴定的方式查明案情。经就鉴定机构的选择范围协商一致后随机抽签，双方共同选定北京明正司法鉴定中心作为鉴定机构。

2015 年 5 月 28 日，一审法院与北京明正司法鉴定中心签订司法鉴定协议并出具司法鉴定委托书，委托北京明正司法鉴定中心对河北省承德市安远庙天花是手绘还是丝网印刷进行鉴定，鉴定天花的范围为“方光大线之内除沥粉贴金以及圆光朔火纠粉白色渐变部分以及局部打点活的颜色部分之外的所有颜色部分”。北京明正司法鉴定中心向一审法院出具《说明函》，称需赴安远庙现场检验待鉴定的天花并拍照留存以供鉴定文书附图所用，并称鉴定将采取以下具体步骤：1. 安远庙主殿普度殿三层中，每层指定并确认一块天花图案作为检材；2. 搭高架梯近距离局部放大检验印刷特征；3. 现场勘验主要采用拍照方法，不破坏庙内任何物品。

2016 年 5 月 10 日，在一审法院及双方当事人、承德市文物局工作人员的见证下，北京明正司法鉴定中心对被控侵权的安远庙天花使用拍照和高倍放大镜提存的方式进行现场取样，取得了安远庙中两块天花的照片等信息作为检材。2016 年 6 月 27 日，在一审法院及双方当事人、北京明正司法鉴定中心鉴定人员的见证下，赵良新使用涉案专利的丝网印刷方法制作并任意选定一块天花，北京明正司法鉴定中心对该天花使用拍照和高倍放大镜提存的方式进行现场取样，取得该天花的照片等信息作为对比样本。同年 7 月 29 日，北京明正司法鉴定中心出具了京正［2015］文鉴字第 170 号《司法鉴定意见书》（简称第 170 号司法鉴定意见书），结论为：检材与样本为同一种印刷方式形成。具体理由为：检材与样本在网格形态、网眼痕迹、气“泡”、“坑”点、露白及挤墨现象等特征反映一致，属于本质性的符合特征，差异点可以得到解释，反映出同一种印刷方式的痕迹特征。

赵良新认可被控侵权行为已经停止，表示放弃要求停止侵权的诉讼请求；因被控侵权行为开始于涉案专利授权公告之前，赵良新将第二项诉讼请求变更为支付使用费并赔偿损失共计50万元。

北京知识产权法院一审认为，赵良新主张文化遗产研究院制作安远庙天花使用了丝网印刷方法，且该方法落入涉案专利权利要求1的保护范围。鉴于被控侵权行为即安远庙天花的制作过程在赵良新发现之时即已结束，赵良新无任何其他途径可以直接证明被控侵权行为所使用的完整方法，而经过鉴定部门的专业鉴定，可以确定文化遗产研究院制作的安远庙天花与用涉案专利方法制作的天花采用同一种印刷方式形成。此时举证责任应转移至文化遗产研究院，文化遗产研究院应当证明其使用的方法与赵良新专利方法不同。然而，文化遗产研究院并未提交有效证据证明其完整的施工方法。文化遗产研究院关于其系采用手绘方法制作的辩解与鉴定结论明显相悖，不予采信。虽然现有证据无法直接证明文化遗产研究院制作安远庙天花的步骤与涉案专利权利要求1的步骤一致，但综合全案情况，文化遗产研究院制作安远庙天花使用了涉案专利权利要求1所保护的方法具有高度可能性，对该事实予以确认。据此，判决：文化遗产研究院向赵良新支付使用费及赔偿赵良新经济损失共计五十万元。

一审判决后，文化遗产研究院不服提起上诉。

北京市高级人民法院二审认为，依据现有事实，综合考虑双方当事人的举证能力、举证情况等因素，可以推定文化遗产研究院使用了涉案专利权利要求1所保护的方法。一审法院关于文化遗产研究院侵害赵良新涉案专利权的认定，具有事实和法律依据。关于使用费和赔偿损失的具体数额，文化遗产研究院未能举证证明一审法院的裁量存在不当。一审判决认定事实清楚，适用法律正确，应予维持。遂判决驳回上诉，维持原判。

【法官评析】

本案主要涉及非新产品制造方法专利侵权认定中的举证责任分配问题。

涉案“古建彩绘的制作方法”发明专利系方法专利，赵良新据以起诉的权利要求1限定了步骤顺序。一般来讲，方法专利权利要求对步骤顺序有明确限定的，步骤本身以及步骤之间的顺序均应对专利权的保护范围起到限定作用。判断被诉侵权技术方案是否落入前述专利权的保护范围，应当考虑被诉侵权技术方案所采取的方法步骤。被诉侵权技术方案是否采用了涉案专利限定的方法步骤是认定侵害方法专利权行为成立的事实依据。对于该事实的认定，既要遵循民事诉讼的举证规则以及证据审查认定标准，也要充分考虑方法专利的特点，合理分配举证责任及确定证明标准。

一、涉及方法专利侵害专利权纠纷中举证责任的一般思路

与产品专利不同，对方法专利的使用一般在产品的制造过程中完成，产品制造过程涉及的生产步骤、具体流程往往只能在生产现场或者查看生产记录才能得知。由于专利权人通常难以接近被诉侵权人的生产现场和生产记录，故难以获取产品制造过程中涉及的生产步骤和具体流程等能够用以证明被诉侵权产品制造方法的证据，而被诉侵权人则完全掌握上述证据，且易于隐匿和销毁。

在涉及方法专利的侵害专利权纠纷案件中，如果不结合具体案情对侵权指控成立的可能性以及双方当事人的举证能力进行分析，只是简单地适用“谁主张，谁举证”的举证分配规则，一律要求专利权人举证证明被诉侵权人生产同样产品的方法步骤，显然不利于案件事实的查明。对此，《中华人民共和国民事诉讼法》第六十五条第二款亦规定，人民法院根据当事人的主张和案件审理情况，确定当事人应当提供的证据及其期限。

对于涉及方法专利的侵害专利权纠纷案件，如果涉及新产品制造方法，专利法第六十一条第一款及民事诉讼证据规定第四条第一款第（一）

项均规定由制造同样产品的被诉侵权人对其产品制造方法不同于专利方法承担举证责任。

对于非新产品制造方法发明专利侵权纠纷的举证责任分配，相关法律和司法解释均无具体规定。《最高人民法院关于适用〈中华人民共和国民事诉讼法〉解释》第九十条规定：“当事人对自己提出的诉讼请求所依据的事实或者反驳对方诉讼请求所依据的事实，应当提供证据加以证明，但法律另有规定的除外。在作出判决前，当事人未能提供证据或者证据不足以证明其事实主张的，由负有举证证明责任的当事人承担不利的后果。”第一百零八条规定：“对负有举证证明责任的当事人提供的证据，人民法院经审查并结合相关事实，确信待证事实的存在具有高度可能性的，应当认定该事实存在。对一方当事人为反驳负有举证证明责任的当事人所主张事实而提供的证据，人民法院经审查并结合相关事实，认为待证事实真伪不明的，应当认定该事实不存在。”此外，民事诉讼证据规定第七条规定：“在法律没有具体规定，依本规定及其他司法解释无法确定举证责任承担时，人民法院可以根据公平原则和诚实信用原则，综合当事人举证能力等因素确定举证责任的承担”。

根据上述规定，凡是掌握证据的当事人均有责任提供证据以还原客观事实，举证责任的分配原则应当是在公平和诚实信用的基础上，确保最大限度地查明客观事实。通常情况下，如果当事人所举证据达到了优势证据原则的要求，就可以认定其完成了举证责任，对待证事实予以确认。对方当事人反驳该证据的，可以提供相反证据或者否定待证事实存在的可能性，此时，法官应根据双方当事人的攻防情况综合判断当事人是否提供了优势证据。在专利侵权行为的认定上，应在遵循上述规定的基础上，充分考虑专利权的特点、当事人举证能力以及便于最大化查清事实等因素，合理运用优势证据原则，引导双方当事人积极举证。

对于非新产品的方法专利而言，专利权人如果能够证明被诉侵权人制造了同样产品，经尽力举证仍无法证明被诉侵权人确实使用了该专利方法，但根据案件具体情况，结合已知事实及日常生活经验，能够认定该同样产品经由专利方法制造的可能性很大的，则不应要求专利权人承担进一步的举证责任，而由被诉侵权人提供其制造方法不同于专利方法的证据，被诉侵权人拒不举证或举证不能的，可以推定被诉侵权人使用了该专利方法。

二、本案二审裁判思路

本案中，赵良新主张文化遗产研究院制作安远庙天花使用了丝网印刷方法，且该方法落入涉案专利权利要求 1 的保护范围。双方当事人对此的主要争议在于文化遗产研究院制作安远庙天花的方法是手绘方法还是与涉案专利权利要求 1 相同的印刷方法。一审法院经双方当事人共同确认，委托鉴定机构进行了鉴定。鉴定结论认为文化遗产研究院制作的安远庙天花与赵良新使用涉案专利方法制作的天花系采用同一种印刷方式形成。文化遗产研究院虽对鉴定结论不予认可，但并未提交足以推翻上述鉴定结论的证据。

二审诉讼过程中，文化遗产研究院亦对鉴定机构的取样过程和鉴定程序没有提出异议。文化遗产研究院虽然坚持主张其系使用手绘方法制作涉案安远庙天花，但其所提交的证据并不足以证明该事实，亦无法推翻鉴定结论。因此，一审法院对鉴定结论予以采信并作出该鉴定结论可以初步证明文化遗产研究院制作安远庙天花有较大可能使用了与涉案专利相同方法的认定，并无不当。

虽然赵良新未提供证据证明文化遗产研究院制作安远庙天花的步骤与涉案专利权利要求 1 的步骤相同，但其作为专利权人已经在其举证能力范围内尽力举证，且可以证明文化遗产研究院制作安远庙天花存在使用与其涉案专利相同方法步骤的较大可能性。此时举证责任应转移至文化遗产研究院，文化遗产研究院应当证明其使用的方法与赵良新的涉案专利方法不同。本案中，文化遗产研究院在坚持主张其使用的是手绘方法的同时，还主张存在多种印制天花的方法。但文化遗产研究院既未能举证证明其使用的确系手绘方法，也未就其所称的多种天花印制方法进行举证并足以使本院排除其存在使用赵良新涉案专利方法的较大可能性。综上，二审法院认为，依据现有事实，综合考虑双方当事人的举证能力、举证情况等因素，可以推定文化遗产研究院使用了涉案专利权利要求1所保护的方法。据此，对一审判决予以维持。

（苏志甫　作者单位：北京市高级人民法院）

4

现有设计抗辩中“转用”规则的适用

——王某与佛山市名庭五金制品有限公司侵害外观设计专利权纠纷案

【案号】

一审：广州知识产权法院（2015）粤知法专民初字第668号

二审：广东省高级人民法院（2017）粤民终91号

【裁判要旨】

在外观设计侵权纠纷中，虽然被诉侵权设计与现有设计的产品种类不同或不相近，但是如果被诉侵权设计与该现有设计明显存在转用手法启示的情形，且被诉侵权设计与该现有设计不存在实质性差异的，应认定被诉侵权设计属于现有设计，被诉侵权设计不构成侵权。

【案情介绍】

王某是名称为“门花（M08）”、专利号为ZL201330203493.5的外观设计专利的权利人，专利申请日是2013年5月14日，授权公告日是2013年11月6日，目前仍处于有效期。王某以名庭公司侵犯其外观设计专利权为由，请求法院判令名庭公司停止侵权、销毁专用生产模具、尚未销售的侵权产品及一切相关宣传材料，赔偿王某经济损失（含合理费用）人民币15万元及承担本案诉讼费用。

本案专利与被诉侵权设计均为门花。根据本案专利授权文件的记载，该外观设计产品的用途是用于装饰门、栏杆、楼梯，起修饰的作用。名庭公司以其在纽约公共图书馆查询到的《The Cabinet Maker's Album》（New York，Steiger，1871－1872）一书第44页“木雕餐柜”的设计图案主张现有设计抗辩。

【法官评析】

一、我国现有设计抗辩制度的立法目的及其内容

现有设计是指在申请日以前在国内外为公众所知的设计。根据我国专利法第二十三条的规定，授予专利权的外观设计，应当不属于现有设计。而现有设计抗辩是指在外观设计专利纠纷中，如果被诉侵权产品的外观设计与一项现有设计相同或无实质性差异，则被诉侵权产品的外观设计构成现有设计，被诉侵权人的行为不构成侵犯外观设计专利权。也就是说，现有设计抗辩是针对专利权人提起的侵权之诉所主张的一种不侵权抗辩。

由于我国的外观设计授权采用初步审查的方式，授权外观设计的新颖性、创造性未予实质审查，在这种情况下，一些外观设计专利存在不当授权的可能。而我国法院在专利侵权纠纷中不审查专利的有效性，如果被告对原告的外观设计专利权的有效性产生质疑，只能向国家知识产权局专利复审委员会提出宣告该外观设计专利无效的请求。为了防止公有领域的设计被不合理的排他使用，简便高效地保护公众使用现有设计的自由，减轻被侵权人的诉累，我国专利制度中建立了现有设计抗辩制度，阻止专利权人有关专利侵权的知识产权请求权的行使。

我国2008年修订的专利法第六十二条首次引入现有设计抗辩规则，

规定在专利侵权纠纷中，被控侵权人有证据证明其实施的技术或者设计属于现有技术或者现有设计的，不构成侵犯专利权。2009 年《最高人民法院关于审理侵犯专利权纠纷案件应用法律若干问题的解释》（以下简称 2009 年专利法解释）第十四条第二款规定，被诉侵权设计与一个现有设计相同或者无实质性差异的，人民法院应当认定被诉侵权人实施的设计属于专利法第六十二条规定的现有设计，进一步明确了现有设计抗辩的比对对象，即应将现有设计与被诉侵权设计进行比对。

二、"转用"规则在现有设计抗辩中的适用

我国外观设计专利的比对以产品种类相同或相近似为前提。国家知识产权局对此认为，"对于专利权人来讲，更重要的是获得市场的独占垄断权利，因此是为了获得更大的市场份额，通常情况下只有相同类别的产品才具有相同的消费群体，同类侵权产品才有可能挤占专利产品的市场份额，因此，在专利侵权判定中更注重领域的远近。"[①]《专利审查指南》明确规定"外观设计实质相同的判断仅限于相同或相近种类的产品外观设计"[②]，将相同或相近种类作为外观设计是否实质相同的判断基准。外观设计专利的行政授权程序与侵权判定程序均坚持这一标准。外观设计专利权的保护范围受产品范围的限制，专利权人无权禁止他人在受保护的产品范围以外的其他产品上使用该外观设计。[③]

转用，是指将产品的外观设计应用于其他种类的产品。[④] 根据《专利审查指南》第四部分第五章第六节的相关规定，转用有两种情形：一种情形是具体的转用手法在相同或者相近种类产品的现有设计中存在启示的[⑤]，

---

① 参见林笑跃、刘稚等：《外观设计制度的完善》，载于国家知识产权局条法司编著：《专利法实施细则修改专题研究报告》（上卷），知识产权出版社 2008 年版，第 430 页。

② 《专利审查指南 2010》第四部分第五章 5.1.2。

③ 根据 2009 年专利法解释第八条的规定，在与外观设计专利产品相同或者相近种类产品上采用与授权外观设计相同或者近似的外观设计的，人民法院应当认定被诉侵权设计落入专利法第五十九条第二款规定的外观设计专利权的保护范围。

④ 《专利审查指南 2010》第四部分第五章 6.2.2。

⑤ 《专利审查指南 2010》第四部分第五章 6。

比如，虽然现有设计中没有篮球形状的水杯设计，但是在已经存在足球形状水杯设计的情况下，该转用手法在相同种类的产品的现有设计中存在启示。在这种情形下，如果涉案专利由现有设计转用得到，且与现有设计相对应的特征相同或仅有细微差别，则涉案专利与现有设计不具有明显区别，不应授予专利权。另一种情形是模仿自然物、自然景象以及将无产品载体的单纯形状、图案、色彩或者其结合应用到其他种类产品的外观设计中。以下几种类型的转用属于明显存在专用手法的启示的情形，由此得到的外观设计与现有设计相比不具有明显区别：（1）单纯采用基本几何形状或者对其仅作细微变化得到的外观设计；（2）单纯模仿自然物、自然景象的原有形态得到的外观设计；（3）单纯模仿著名建筑物、著名作品的全部或者部分形状、图案、色彩得到的外观设计；（4）由其他种类产品的外观设计转用得到的玩具、装饰品、食品类产品的外观设计。上述情形中产生独特视觉效果的除外。[①] 因此，根据外观设计专利的授权规则，外观设计相同相近似的比对在存在转用启示的情况下可以突破产品种类的限制，若某一产品的外观设计可以从另一不相同也不近似种类产品的外观设计转用得到，则前者与现有设计仍不具有明显区别。

虽然《专利审查指南2010》关于外观设计“转用”的内容是对专利法中外观设计专利授权条件的细化。笔者认为，基于外观设计专利不保护现有设计的基本原理，若一项外观设计属于对现有设计的转用而与该现有设计没有明显区别，则该外观设计不应纳入专利保护范围。本案中，虽然被诉侵权产品为门上的装饰构件，属于“装饰品”，与名庭公司所主张的现有设计“橱柜”不属于相同或相近的种类，但是两者的设计特征仅有细微差别，被诉侵权装饰品的外观设计可以由现有设计“橱柜”的外观设计中得到转用手法的启示，因此，名庭公司的现有设计抗辩理由成立，应予支持。

值得注意的是，在现有设计抗辩中适用“转用”规则时，仍应遵循外

---

① 《专利审查指南2010》第四部分第五章6.2.2。

观设计侵权判定的“整体观察、综合判断”的原则，审查被诉侵权设计与现有设计之间的整体视觉效果有无实质差异。如果虽存在转用启示，但被诉侵权设计与现有设计的整体视觉效果存在明显差异的，则现有设计抗辩不成立。

三、本案的启示

我国外观设计专利的审查和保护限定了产品的类别，体现了我国立法者对外观设计的保护政策。在欧盟，外观设计与其应用的产品通常没有密切的关系。如一项外观设计是为汽车开发的，将其应用到玩具上也将被视为侵权，或者甚至应用到钥匙环上也将侵犯该外观设计的权利。[①] 在美国，新颖性和创造性判定的前提限制在“类似领域的设计”，但是近年来不少意见认为这种限制可能与实际的设计过程相违背。因为设计者不会拘泥于类似领域的在先设计，一项针对设计行业人员的调查报告显示，设计者经常阅读和接触各类资源以开拓自己的视野，而不论这些资源与其设计所附载的产品是否相关或类似。[②] 我国在外观设计专利授权领域已经以“转用”突破了产品种类的限制，然而在专利侵权的法律中并无明确规定。无论是从保护公众使用现有设计自由的现有设计抗辩立法初衷来看，还是从坚持授权程序与侵权判定程序同一标准的角度分析，笔者认为，我国外观设计侵权判定标准也应引入“转用”规则，明确在外观设计侵权纠纷中，如果被诉侵权产品的设计与一个与其种类不同或不相近似的产品的现有设计明显存在转用手法启示的情形，且被诉侵权设计与该现有设计不存在实质性差异的，该侵权设计属于现有设计，被诉侵权设计不构成侵权。

（邓燕辉　张苏柳　作者单位分别为：广东省高级人民法院知识产权审判庭法官、广东省高级人民法院知识产权审判庭助理审判员）

---

① 中国商务部、欧洲内部统一协调局《中国—欧盟知识洋权项目二期》，载《欧洲知识产权保护指南》。

② 参见王明达主编：《北京市高级人民法院〈专利侵权判定指南〉理解与适用》，中国法制出版社 2014 年版，第 276 ~ 279 页。

5

知识产权行政案件中确认判决的适用

——吕汉杰与汕头市知识产权局专利行政处理决定纠纷案

【案号】

一审：广州知识产权法院（2015）粤知法专行初字第6号

二审：广东省高级人民法院（2016）粤行终1134号

【裁判要旨】

行政诉讼中，地方性法规与部门规章对同一事项规定不一致的情况下，对于全国性事项作出的规定，适用部门规章。《广东省专利条例》与《专利行政执法办法》对专利侵权纠纷的行政处理期限规定不一致，应当适用《专利行政执法办法》的规定。行政行为程序轻微违法，但对原告权利不产生实际影响的，适用确认判决，确认行政行为违法，但不撤销行政行为。

【案情介绍】

林明海为ZL201130133096.6“台灯（819手表夹子）”外观设计专利权人。吕汉杰以尚未登记的汕头市德杰电子实业有限公司的名义在网站许诺销售被诉侵权产品。林明海以吕汉杰侵犯专利权为由请求汕头市知识产权局处理。汕头市知识产权局向吕汉杰发出《专利执法勘验检查通知书》，并进行现场勘验、检查。对吕汉杰的询问笔录记载：吕汉杰陈述涉嫌被诉侵权的四款台灯为该厂生产。之后，汕头市潮南区工商行政管理局另对吕汉杰作出《行政处罚决定书》，现场查获封存吕汉杰涉嫌编造虚假“汕头市德杰电子实业有限公司”生产手电筒灯等物品。经口审比对，被诉侵权产品与涉案专利产品外观设计构成近似。后吕汉杰以专利复审委员会对案涉案专利无效宣告请求进行审查为由，申请汕头市知识产权局中止审理。在通知了双方的情况下，案经两次中止审理以及延长受理期限，汕头市知识产权局作出汕知纠［2011］21号《汕头市知识产权局专利纠纷案件处理决定书》，认定吕汉杰制造的产品侵害了林明海涉案专利权，责令吕汉杰立即停止侵权行为。吕汉杰认为汕头市知识产权局超期审理、程序违法等为由请求法院判令：撤销前述21号处罚决定书并判令汕头市知识产权局负担本案诉讼费。

广州知识产权法院作出民事判决：维持汕头市知识产权局汕知纠［2011］21号专利纠纷案件处理决定。吕汉杰不服一审判决提起上诉。广东省高级人民法院作出民事判决：撤销一审判决，确认汕头市知识产权局作出的汕知纠［2011］21号《专利纠纷案件处理决定书》程序违法，驳回吕汉杰关于撤销汕头市知识产权局作出的汕知纠［2011］21号《专利纠纷案件处理决定书》的诉讼请求。

【法官评析】

2015年5月1日施行的《中华人民共和国行政诉讼法》实现了很多制度创举，受到了实务界和学术界各界的高度评价，修订增加的确认判决是重要内容之一，新修订的《中华人民共和国行政诉讼法》第七十四条规定的即是新增加的确认判决。该条列举了适用确认判决的五种情形，很好的地解决了以往只存在维持判决、撤销判决、责令履行法定职责判决和变更判决的情况下，对于一些行政案件，如果拘泥于行政诉讼法有关判决形式的规定，勉强适用维持判决或者撤销判决，不仅在法律逻辑上难以自圆其说，而且判决效果欠佳，往往伤及行政判决与审判权的合理行使，损害人民法院判决的严肃性和权威性的问题。[1] 该条在吸收《最高人民法院关于

① 江必新：《中华人民共和国行政诉讼法及司法解释条文理解与适用》，人民法院出版社2016年版，第492页。

执行〈中华人民共和国行政诉讼法〉若干问题的解释》[1] 有关确认判决部分规定的基础上，对于行政上行为程序轻微违法，但对原告权利不产生实际影响的情形，增加规定了确认违法判决。本案是适用该增加确认违法判决的典型案例。

本案中，汕头市知识产权局对林明海提出的查处吕汉杰侵害其ZL201130133096.6号外观设计专利权行为的请求程序及作出《专利纠纷案件行政处理决定书》，处理结论正确，处理程序完整，没有发生剥夺、限制吕汉杰权利的情形，但是存在超期处理的可能。而这个可能是否可以确定，要看适用的是地方性法规《广东省专利条例》还是部门规章《专利行政执法办法》的规定。二者作出了不同的规定。如果适用前者，则在处理期限内，如果适用后者，则超越了处理期限，构成程序违法。该案从法律的适用规则和行政诉讼重在审查行政行为合法性的立法精神出发，适用了后者，对于促进依法行政、高效行政、优质行政意义重大，为新设法律制度的落地提供了鲜活的案例。

一、专利行政处理中的调解

根据《中华人民共和国专利法》第五十七条的规定，未经专利权人许可，实施其专利，即侵犯其专利权，引起纠纷的，专利权人或者利害关系人可以请求管理专利工作的部门处理；进行处理的管理专利工作的部门应当事人的请求，可以就侵犯专利权的赔偿数额进行调解。可见调解不是法律规定的前置程序，而是依行政相对人申请的程序。关于行政相对人请求调解的方式，法律、法规未作要求，部门规章作了具体的要求。本案汕头市知识产权局进行行政处理时施行的《专利行政执法办法》（2011年2月1日施行）第二十条的规定，请求管理专利工作的部门调解专利纠纷的，应当提交记载请求调解的具体事项和理由等内容的请求书。吕汉杰在上诉

① 最高人民法院关于适用《中华人民共和国行政诉讼法》的解释于2018年2月6日发布，2018年2月8日起施行。此解释施行后，《最高人民法院关于执行〈中华人民共和国行政诉讼法〉若干问题的解释》《最高人民法院关于适用〈中华人民共和国行政诉讼法〉若干问题的解释》同时废止。

状和二审法庭调查中均明确认可其未向汕头市知识产权局提交调解请求书。吕汉杰并未按照前述法定的要求提出调解请求，其上诉提出汕头市知识产权局未经调解作出处理决定违法无据。

二、专利行政处理中地方性法规与部门规章冲突的选择适用

现行有效的地方性法规《广东省专利条例》（2010 年 12 月 1 日起施行）第三十六条规定："专利行政部门处理专利侵权纠纷案件，调解不成的，应当在受理案件之日起六个月内作出处理决定；情况复杂需要延长期限的，经本部门负责人批准，可以延长三个月。"国家知识产权局公布的《专利行政执法办法》（2011 年 2 月 1 日起施行）第十九条规定："管理专利工作的部门处理专利侵权纠纷，应当自立案之日起 4 个月内结案；案件特别复杂需要延长期限的，应当由管理专利工作的部门负责人批准；经批准延长的期限，最多不超过 1 个月；案件处理过程中的公告、鉴定、中止等时间不计入前款所述案件办理期限。"《专利行政执法办法》与《广东省专利条例》对专利行政部门处理专利侵权纠纷案件的期限规定并不一致。最高人民法院《关于审理行政案件适用法律规范问题的座谈会纪要》规定："地方性法规与部门之间对同一事项的规定不一致的，人民法院一般按照下列情形适用："（1）法律或者行政法规授权的部门规章作出的实施性规定的，其规定优先适用……（4）地方性法规对于属于地方性事务的事项作出的规定，应当优先适用。"及时原则，是管理专利工作的部门处理专利侵权纠纷应当遵守的基本原则之一。专利行政执法具有程序简单、处理快捷的特点。专利行政部门处理专利侵权纠纷案件的期限的规定，关系到行政行为的快速、高效处理和对权利人的及时、有效救济的问题，应当由国家知识产权主管部门作出全国性的统一规定较为适宜。《广东省专利条例》系 2010 年 12 月 1 日施行，当时，国家知识产权局并未对专利侵权纠纷的行政处理期限作出统一规定，《广东省专利条例》作为地方性法规作出规定并无不妥，应予适用。但是，《广东省专利条例》施行后，国家知识产权局修订的《专利行政执法办法》在 2011 年 2 月 1 日施行。在专利侵权纠纷的行政处理期限已经有了统一的明确规定之后，应当适用《专利行政执法办法》的规定。而且，2015年5月29日再次修订的《专利行政执法办法》第二十一条规定："管理专利工作的部门处理专利侵权纠纷，应当自立案之日起3个月内结案；案件特别复杂需要延长期限的，应当由管理专利工作的部门负责人批准；经批准延长的期限，最多不超过1个月；案件处理过程中的公告、鉴定、中止等时间不计入前款所述案件办理期限。"为了加强专利权的保护，新修订的《专利行政执法办法》进一步缩短了处理专利侵权纠纷的办案期限，较之前的《专利行政执法办法》又作出了缩短一个月的规定，足可见国家知识产权局对于专利侵权纠纷的处理期限的要求是明确的、一贯的。基于上述理由，吕汉杰上诉提出一审未依据《专利行政执法办法》认定本案行政处理期限错误的理由成立，应予以支持。由于本案汕头市知识产权局受理林明海与吕汉杰的专利侵权纠纷及作出处理决定的期间，是2011年2月1日施行的《专利行政执法办法》施行期间，关于处理期限的规定，应当适用行政行为时的规定即适用该办法，而非2015年5月29日修订的《专利行政执法办法》。

三、专利行政处理中程序瑕疵的认定

行政程序是指作出行政行为的过程要求，包括步骤、顺序、方式、时间等。我国有关行政程序的规定，散见于有关行政管理的法律、法规、规章以及其他合法有效的规范性文件之中。对于行政程序的合法性审查，原有行政审判实践一般区分为违反法定程序和程序瑕疵；对违反法定程序的，撤销或者确认违法，而对于违反法定程序性质不严重的，视为程序瑕疵，一般仅在判决书中指出或者发司法建议给行政机关。但对于如何区分违反法定程序和程序瑕疵，尚无明确的标准。《中华人民共和国行政诉讼法》第七十四条第一款第（二）项的规定是本次修法新设，吸纳了行政审判实践的经验。本次修法中立法机关经反复推敲、几易其稿，最终规定使用"程序轻微违法、但对原告权利不产生实际影响"的表述。意味着对于程序违法性质或者情节较重的，应当首先确认违法。[①] 立法上进行区分，能避免判决撤销不实际影响原告权利的程序违法行为所导致的程序空转，同时通过对行政行为的程序违法性进行否定性评价，监督行政机关依法行使职权。需要强调的是，适用本项的前提条件有两个，即程序轻微违法与对原告权利不产生实际影响。如果行政程序并非轻微违法，即使对原告的权利不产生实际影响，也不构成程序瑕疵，而是违反法定程序。同时，只能字面理解本项规定的“对原告权利不产生实际影响”，不能将其理解为对原告权利产生的实际影响小。

（欧丽华　作者单位：广东省高级人民法院知识产权审判庭法官）

6

略论重复侵权的构成要件

——深圳市基本生活用品有限公司与深圳市思派硅胶电子有限公司侵害外观设计专利权纠纷案

【案号】

一审：深圳市中级人民法院（2014）深中法知民初字第552号

二审：广东省高级人民法院（2016）粤高法民三终字第1036号

【裁判要旨】

重复侵权应当具备以下构成要件，一是前诉判决生效之日距后诉再次发现侵权行为之日间隔合理期间，以排除前诉判决生效后，短时间内客观

① 上引江必新：《中华人民共和国行政诉讼法及司法解释条文理解与适用》，人民法院出版社2016年版，第494页。

上难以回收并销毁被诉侵权产品的情形；二是前诉与后诉均由同一侵权人实施侵权行为，以排除被诉侵权产品是前诉的侵权产品遗漏在市场上被偶然发现，以及他人栽赃行为；三是后诉被诉侵权产品与前诉被诉侵权产品相同或基本相同，在前诉生效判决已经确认构成侵权的情况下，被诉侵权产品构成侵权事实清楚，不存在难以判断的问题。

【案情介绍】

2010年10月9日，深圳市基本生活用品有限公司（以下简称基本生活公司）法定代理人陈实申请“名片盒（A3308）”外观设计专利，并于2011年4月6日获得授权。随后，专利权人陈实与基本生活公司签订了《专利实施许可授权书》。

2014年5月28日，基本生活公司在网上公证购买了深圳市思派硅胶电子有限公司（以下简称思派公司）销售的被诉侵权产品白色硅胶卡包。经比对，被诉侵权产品设计与涉案专利外观设计相同。

2014年8月6日，基本生活公司以思派公司生产、销售、许诺销售涉嫌侵犯产品、侵犯其涉案外观设计专利权为由，向深圳市中级人民法院提起诉讼，请求判令思派公司立即停止生产、销售、许诺销售侵权产品，销毁库存侵权产品及专用生产模具；赔偿经济损失及为制止侵权所支出的合理费用共计人民币100万元；承担案件所有诉讼费用。

另查明，2012年2月9日，基本生活公司曾以思派公司制造、销售被诉侵权产品，侵害涉案外观设计专利权为由，将思派公司等诉至深圳市中级人民法院。该院经审理认定，思派公司等未经基本生活公司许可，擅自生产、销售与涉案专利外观设计相近似的产品，应立即停止侵权，并赔偿基本生活公司的经济损失人民币3万元。该案经二审维持原判。二审判决于2012年11月5日生效。经对比，本案被诉侵权产品与该案被诉侵权产品相同。

一审法院认为，思派公司虽然构成许诺销售侵权行为。但是，基本生活公司指控思派公司制造、销售被诉侵权产品，实质是对2012年案件的重复诉讼。在生效判决已经做出认定并予以处理的前提下，一审法院不再就此进行审理。二审法院认为，后诉与前诉并不符合法律规定的重复起诉的构成要件，思派公司的行为已经构成重复侵权。遂判决：思派公司立即停止销售、许诺销售侵害基本生活公司专利权的产品；思派公司于本判决生效之日起十日内赔偿基本生活公司经济损失及维权合理开支人民币 10 万元。

【法官评析】

一、重复起诉的构成条件

民事诉讼法司法解释第二百四十七条规定，构成重复起诉应具备以下条件：

第一，后诉与前诉的当事人相同。当事人相同，不受当事人在前诉与后诉中的诉讼地位的影响，即使前后诉原告和被告地位完全相反。另外，原告数量增加或减少而被告不变、被告数量增加或减少而原告不变、第三人有变化等情况，均不改变诉讼当事人的一致性。因为，在一方当事人恒定而另一方当事人数量增减的情况下，民事诉讼法律关系并没有改变。

第二，后诉与前诉的诉讼标的相同。在民事诉讼法立法及其司法解释中目前没有界定“诉讼标的”内涵及外延。民事诉讼标的理论学说流派众多，笔者倾向将其概念表述为是原告在诉讼上主张的实体法上的权利义务或法律关系。民事诉讼中，由于诉的种类不同，其诉讼标的也不同。在给付之诉中，诉讼标的是原告基于某种法律关系，向被告所提出的履行一定义务的实体权利；在确认之诉中，诉讼标的是原告提出的要求确认的某个法律关系；在变更之诉中，诉讼标的是原告提出变更或消灭的同被告之间现存的某一法律关系。具体判断某一案件的诉讼标的，应以提起诉讼的当事人所表明的意思而定，即应以请求裁判的事项而定。

第三，后诉与前诉的诉讼请求相同，或者后诉的诉讼请求实质上否定前诉裁判结果。不同的诉讼标的理论可能对“一事”有不同界定，因此在诉讼标的之外，有必要将诉讼请求也作为判断此诉与彼诉的标准之一。从广义上讲，诉讼请求是向法院提出的，要求法院予以判决的具体请求，当事人希望法院对其请求作出与之相应的确认、给付、形成这些具体的判决。而狭义的请求仅仅指原告向被告主张的法律上的利益。故诉讼请求是当事人在诉讼标的基础上诉讼主张的具体化。可见，增加诉讼请求这一判断标准有利于实践中准确把握对“一事不再理”的认定。除了后诉与前诉的诉讼请求相同，后诉的诉讼请求实质上否定前诉裁判结果的，也可以作为“一事”的判断标准。此外，禁止重复起诉的形态，不限于后诉的独立起诉的情形，也包括以反诉、参加诉讼、变更诉讼等方式导致的当事人的后诉与前诉成为同一诉讼的情形。

本案中，由于前诉、后诉的诉讼标的所指向的侵权行为时段不相同，后诉与前诉的诉讼请求不相同，且后诉的诉讼请求也不会从实质上否定前诉裁判结果。因此，二审法院确认后诉与前诉不属于重复起诉。

二、重复侵权的构成条件

在知识产权诉讼中，重复侵权作为一种情节严重的故意侵权行为，始终是人民法院制裁的重点。在判断是否构成重复侵权时，侵权人的主观要件是关键，但鉴于主观要件需要根据侵权人的客观表现来判断，笔者试图通过审理本案归纳了以下三个要件，以帮助判断侵权人是否构成情节严重的故意侵权。

第一，前诉判决生效之日距后诉再次发现侵权行为之日间隔合理期间，以排除前诉判决生效后，短时间内客观上难以回收并销毁被诉侵权产品的情形。浙江高院在司法实践中曾以“裁判执行完毕六个月”为期，作为是否认定重复侵权的时间界限。笔者欣赏浙江高院这种尝试，但同时认为这一期限不尽合理。理由：其一，是否申请强制执行是权利人的权利而非义务，而以裁判执行作为起算时间点，无异于要求权利人必须申请强制执行；其二，人民法院停止侵权判决生效之日起，侵权人就不得再从事相关的侵权行为。因此无论权利人是否申请强制执行，侵权人都应当停止侵权行为；其三，强制执行的结束时间很难确定。如果加上中止执行、终结本次执行等情况，就更难确定“裁判执行完毕六个月”的具体时间。笔者认为，虽然前诉判决生效之日起，侵权人再次实施侵权行为即构成重复侵权，但考虑到侵权人需要合理时间清理市场，不宜一律按情节严重的故意侵权行为处理。在前诉判决生效之日起合理期限内发生的侵权行为，可以参照《最高人民法院关于适用〈中华人民共和国民事诉讼法〉的解释》第五百二十一条之规定：“在执行终结六个月内，被执行人或者其他人对已执行的标的有妨害行为的，人民法院可以依申请排除妨害。”权利人可依据前诉裁判重新申请执行、要求停止侵权。

第二，前、后诉均由同一侵权人实施侵权行为，以排除被诉侵权产品是前诉的侵权产品遗漏在市场上被偶然发现，以及他人栽赃行为。对同一侵权人，应当作广义的理解，即不一定非是同一民事主体，而可能是有密切联系的企业，如两个企业是同一法定代表人等，以防止侵权人恶意规避法律的情形。

第三，后诉被诉侵权产品与前诉被诉侵权产品相同或基本相同，在前诉生效判决已经确认构成侵权的情况下，被诉侵权产品构成侵权事实清楚，不存在难以判断的问题。这个要件主要是考虑到知识产权侵权，特别是专利侵权的判断要求非常专业。如果不是专业人士，很难确定是否构成侵权，因此不能对社会公众过多苛责。这样可以排除被诉侵权产品被判侵权后，侵权人为了规避专利权，已经对产品作了改变，但改变后的产品仍然可能侵权的情况。

本案中，首先，前诉制造、销售被诉侵权产品行为的时间是2012年2月，终审判决生效时间为2012年11月5日，后诉在网站上的许诺销售以及销售的时间是2014年5、6月间，前诉判决生效之日距后诉再次发现侵权行为之日长达一年半，可以排除思派公司在前诉判决生效后，短时间内客观上难以回收并销毁被诉侵权产品的情形；其次，后诉针对的是思派公司在本公司网站上许诺销售、并由公司直接销售被诉侵权产品的行为，可以排除被诉侵权产品是前诉的侵权产品遗漏在市场上被偶然发现，也可以排除是人为栽赃思派公司的行为；最后，后诉被诉侵权产品与前诉被诉侵权产品外观设计相同，在前诉生效判决已经确认构成侵权的情况下，被诉侵权产品落入涉案专利保护范围的事实清楚，不存在对是否构成侵权难以判断的问题。据此，二审法院依法确认思派公司构成重复侵权行为。

（岳利浩　作者单位：广东省高级人民法院知识产权审判庭法官）

7

专利侵权案件诉前禁令应如何审查

——克里斯提·鲁布托申请广州问叹贸易有限公司等诉前停止侵害专利权案

【案号】

广州知识产权法院（2016）粤73行保1、2、3号

【裁判要旨】

为保障相关市场秩序和专利权人的利益，专利案件的诉前禁令申请应紧紧围绕以下因素进行审查：1. 涉案专利是否稳定有效；2. 被申请人正在实施的行为是否具有侵权的可能性；3. 不颁发禁令是否会给申请人的合法权益造成难以弥补的损害；4. 颁发禁令给被申请人带来的损失是否小于或相当于不颁发禁令给申请人带来的损失；5. 颁发禁令是否会损害社会公共利益；6. 申请人提供的担保是否有效、适当。

【案情介绍】

申请人克里斯提·鲁布托系ZL201430483611.7、ZL201430484500.8、ZL201430484638.8外观设计专利的专利权人，该专利权至今有效，且外观

设计专利权评价报告的初步结论为专利全部外观设计未发现存在不符合授予专利权条件的缺陷。申请人经公证取得被诉侵权产品口红三支。被诉侵权产品销售单价约为 270 元，涉案专利产品的海外销售单价约合 600 元。申请人表示被申请人广州问叹贸易有限公司（以下简称问叹公司）、广州贝玲妃化妆品有限公司（以下简称贝玲妃公司）、广州欧慕生物科技有限公司（以下简称欧慕公司）未经许可，正大量制造、销售以及许诺销售被诉侵权产品，如不及时加以制止，将对申请人的合法权益造成难以弥补的损害。申请人向广州知识产权法院请求责令被申请人问叹公司立即停止制造、销售、许诺销售 VT1、VT2、VT3、VT4、VT5、VT6、VT7、VT8、VT9 九款被诉侵权产品，被申请人贝玲妃公司、欧慕公司立即停止制造上述九款被诉侵权产品。

广州知识产权法院作出民事裁定：问叹公司立即停止制造、销售、许诺销售涉案口红产品；贝玲妃公司立即停止制造涉案九款口红产品；驳回申请人克里斯提·鲁布托的其他禁令申请。本裁定的法律效力维持到三案终审法律文书生效时止。

【法官评析】

知识产权诉前禁令制度能有效保障相关市场秩序和知识产权人的利益，但对被申请人的利益，甚至社会公共利益亦有重大影响。综合《中华人民共和国专利法》第六十六条、《中华人民共和国民事诉讼法》第一百零一条、《最高人民法院关于对诉前停止侵犯专利权行为适用法律问题的若干规定》第四条、第十一条的规定，对专利案件的诉前禁令申请应围绕以下六个方面进行审查：

一、申请人涉案专利是否稳定有效

申请人涉案专利稳定有效是请求颁发禁令的基础。根据《最高人民法院关于对诉前停止侵犯专利权行为适用法律问题的若干规定》第四条的规定，专利权人提出申请时，应当提交证明其专利权真实有效的文件，包括专利证书、权利要求书、说明书、专利年费交纳凭证。我国专利法现行规定在授予外观设计专利权时仅经初步审查程序，未进行实质性审查，致使其稳定性不高，故申请人除了提交上述授权证书和相应文件外，还应当提供其外观设计专利权评价报告、外观设计专利权经专利复审委员会无效宣告审查程序被维持有效、生效民事判决认定针对其外观设计专利权侵权的指控能够成立或者其他类似的证据，以证明其外观设计专利权的稳定性。本案申请人提交了涉案外观设计专利授权公告文件、专利登记簿副本及外观设计专利权评价报告，证明了申请人为涉案专利的专利权人，有权提起诉前禁令申请，涉案专利目前有效，且未发现存在不符合授予专利权条件的缺陷；申请人还提交了其与涉案专利相同的外观设计向印度、韩国等国家申请了外观设计专利的证据。此外，被申请人问叹公司的法定代表人虽就被诉侵权产品申请了外观设计专利，但其申请日不但晚于申请人涉案专利的申请日，而且也晚于申请人涉案专利的授权公告日，故不会损害申请人涉案专利的稳定性。同时，涉案专利从获得授权至今，包括本案被申请人在内，未有人向国家知识产权局申请宣告其无效。因此，涉案专利目前有效，其稳定性也较高。

二、被申请人正在实施的行为是否存在侵犯专利权的可能性

在处理诉前禁令申请时，法院只有判定被诉侵权行为存在侵权可能性时，才有权要求被申请人停止被诉侵权行为。因此，法院在诉前禁令的审查时必须判断被诉侵权行为是否存在侵权的可能性。需要指出的是，在审查被申请人正在实施或即将实施的被诉侵权行为时，法院只要能认定其存在侵权的可能即可，而无须判断申请人是否会胜诉。经技术比对，本案被诉侵权产品与涉案专利产品是相同种类产品，两者的相应外观设计构成相同或者近似，九款被诉侵权产品均落入涉案专利权的保护范围。根据《中华人民共和国专利法》第十一条第二款的规定，外观设计专利权被授予后，任何单位或者个人未经专利权人许可，都不得实施其专利，即不得为生产经营目的制造、许诺销售、销售、进口其外观设计专利产品。在听证过程中，申请人克里斯提·鲁布托明确其主张：被申请人问叹公司制造、销售、许诺销售了被诉侵权产品，被申请人贝玲妃公司、欧慕公司制造了被诉侵权产品。本案被诉侵权产品上仅标明问叹公司、贝玲妃公司制造，未有证据表明欧慕公司制造了被诉侵权产品。根据现有证据，被申请人问叹公司、贝玲妃公司上述未经专利权人许可的行为均存在侵权的可能性。

三、不颁发禁令是否会给申请人的合法权益造成难以弥补的损害

诉前禁令作为一种严厉的提前介入的救济措施，若权利人的声誉没有被侵害，或者损害赔偿可被准确计算，且被申请人有足够的能力支付赔偿，因权利人所遭受的侵权损失可待判决生效后按判赔数额进行赔偿，也就没有颁发的必要。在专利侵权诉讼中，若出现如下情形之一，如不颁发禁令，将会给申请人的合法权益造成难以弥补的损害：一是权利人声誉被损害；二是侵权人没有足够的经济能力支付赔偿；三是损害赔偿无法计算。其中，存在如下情形之一，损害赔偿将无法计算：1. 产品价格被侵蚀和市场份额的丧失所共同造成的损失难以计算；2. 若市场上有数名侵权者，则难以准确计算出每名侵权者应承担的赔偿数额；3. 权利人将难以再把因为要与侵权者竞争而降下来的产品价格重新提升到原来的水平。就本案而言，首先，一般来讲，权利人胜诉以后，其合法权益会得到法律保障，但实际上由于侵权人没有足够的赔偿能力或者居无定所等原因，权利人的经济损失也许根本得不到物质上的足额赔偿。如果放任侵权人的行为继续下去，将使本可避免的损害成为必然。侵权人执行判决的能力越差，越有可能受到禁令的限制。本案被申请人问叹公司、贝玲妃公司未提交证据表明其财产状况及盈利能力，对申请人所遭受的损失能进行充足的赔偿。其次，专利权人通常会在产品价格中收回研究与开发费用，因此专利权人通常会以较高价格销售其产品，侵权人通常会以较低价格销售其产品（不包含研究与开发费用），专利权人将会因此而丧失其应有的市场份额。本案被诉侵权产品销售单价约为人民币 270 元，而专利产品的海外销售单价约合人民币 600 元。被申请人问叹公司、贝玲妃公司以不到专利产品售价的一半来销售与申请人专利产品具有竞争关系的被诉侵权产品，无疑会抢占部分市场份额，如不颁发禁令，计划将专利产品推广到中国市场的申请人将会因此而丧失其应有的市场份额。稳固的市场一旦确定，竞争对手要想分一杯羹将要付出巨大的代价。为了与侵权者竞争，夺回被抢占的市场份额，申请人将不得不降价销售，其将难以再把因为要与侵权者竞争而降下来的产品价格重新提升到原来的水平，其市场份额将会永久性地被破坏，上述产品价格被侵蚀和市场份额的丧失所共同造成的损失难以计算。而且，涉案专利产品属于化妆品的外观设计，具有新颖性、流行性的特点，一旦被诉侵权产品在市场上大量出售将会降低相关公众的购买欲望，缩短专利产品的生命周期，因此，制止可能的侵权行为具有紧迫性。需要指出的是，被申请人问叹公司在听证过程中，虽表示愿意停止被诉侵权行为，但并没有表明其如何具体有效地停止被诉侵权行为，其上述承诺不足以阻却禁令的颁发。综上，如不颁发禁令，将会给申请人的合法权益造成难以弥补的损害。

四、颁发禁令给被申请人带来的损失是否小于或相当于不颁发禁令给申请人带来的损失

诉前禁令作为责令被申请人诉前停止被诉侵权行为的一种救济措施，必然会影响申请人和被申请人双方的重大经济利益。在决定是否颁发禁令前，需同时考虑其对双方的影响，即需要对双方因禁令的颁发与否所影响的利益进行衡量，以避免禁令救济因为保护一方较小利益，而造成更大损失，浪费巨大的社会成本。如果只考虑不发出诉前禁令对申请人的影响，而不考虑发出诉前禁令对被申请人的影响，将难以实现社会利益的最大化，诉前禁令也往往给被申请人的经营活动带来不虞之灾。保障申请人的利益虽正当，但是如其实际损失比起被申请人的损失微不足道，在这样的情形下颁发禁令，将有悖于禁令制度的立法宗旨，故应将“颁发禁令给被申请人带来的损失应小于或相当于不颁发禁令给申请人带来的损失”作为衡量是否颁发禁令的标准之一。如果颁发诉前禁令给被申请人带来的损失，将小于不颁发诉前禁令给申请人带来的损失，应支持申请人的禁令申请；相反，如果颁发诉前禁令给被申请人带来的损失，将大于不颁发诉前禁令给申请人带来的损失，应不支持申请人的禁令申请；当然，如果颁发诉前禁令给被申请人带来的损失与不颁发诉前禁令给申请人带来的损失相当，应优先保护申请人的权利，支持申请人的禁令申请。就本案而言，颁发禁令，被申请人问叹公司、贝玲妃公司将会损失开发模具费、宣传费、已制造出来的被诉侵权产品的其他生产成本，以及禁令期间不能制造、销售被诉侵权产品的盈利；而不颁发禁令，申请人不但会损失显而易见的开发设计费、宣传费，还会为竞争而降低产品价格，减少市场份额，失去竞争优势，这些损失显然要比被申请人所遭受的损失要大得多。因此，不颁发禁令给申请人带来的损失将明显大于颁发禁令给被申请人带来的损失。

五、颁发禁令是否会损害社会公共利益

社会公共利益是公民利益的集中体现，维护社会公共利益也是司法机构的重要职责。无论法院作出任何决定，都不能有违社会公共利益，禁令制度亦是如此。如果涉案专利对社会公众的生命、健康、安全、环保以及其他重大社会公共利益有着不容忽视的影响，那么此时社会公共利益将会直接影响到禁令的发布与否。就本案而言，一方面，涉案专利产品和被诉侵权产品均属于化妆品类，颁发禁令仅涉及被申请人的经济利益，不会损害社会公共利益；另一方面，本案专利的外观设计的新颖性具备一定的识别功能，颁发禁令将有助于避免市场混淆，不仅不会损害公共利益，反而会因维护了市场秩序而保障公共利益。

六、申请人提供的担保是否有效、适当

《中华人民共和国专利法》第六十六条规定，专利权人在起诉前向人民法院申请采取责令停止有关行为的措施时，应当提供担保，不提供担保的，驳回申请。诉前禁令的作用是迅速制止侵权行为，具有很强的时效性，所以法院对此审查往往时间短。法院根据申请人的申请采取的禁令措施既可能与判决结果相符，也可能与判决结果相悖。正是由于法律充分地考虑到了这一风险，所以要求申请人在申请诉前禁令的同时也要提供相应的财产担保。要求申请人提供合理的、适当的担保，一方面对申请人来讲，促使其在申请时必须考虑其胜诉的把握，谨慎提出禁令申请，避免申请人滥用诉前禁令的申请权；另一方面，在禁令申请有错误的情况下，该担保财产可用来赔偿被申请人因停止有关行为所遭受的损失。申请人提供的担保应该属于有效担保，担保金额应该合理、适当，以足以弥补因申请错误造成被申请人损失和支付相关费用为限。为此，应根据错误下达禁令可能给被申请人造成的实际损失来确定担保金额。同时，在加强知识产权司法保护的大局下，要求降低维权门槛、维权成本，降低担保也是降低维权门槛、维权成本的一种方式。就本案而言，在初步确定担保数额时，考虑了以下因素：1. 在听证过程中，经组织双方当事人就担保金额进行协商，被申请人当庭表示，不要求申请人提供担保；2. 本案申请人胜诉的可能性高，禁令颁发错误的可能性较低；3. 涉案三项专利仅涉及同一种产品。综上，法院初步确定申请人需提供100万元作为三份禁令申请的担保，申请人并按要求提供了现金担保，该担保有效、目前适当。另外，该担保金额并非固定不变，法院会根据实际情况依据《最高人民法院关于对诉前停止侵犯专利权行为适用法律问题的若干规定》第七条的规定决定是否追加担保。

诉前禁令可以很好地保障权利人的利益，但运用不当也可能给当事人造成损失，这更需要法官积极、审慎地对禁令申请围绕着上述六个方面进行审查，严格保护，以提高知识产权司法救济的及时性、便利性和有效性。

（谭海华　吴学知　作者单位分别为：
广州知识产权法院法官、广州知识产权法院法官助理）

8

“功能性特征排除标准”的适用以及相关技术特征技术内容的确定

——SMC株式会社诉神驰气动有限公司、苏州山耐斯气动有限公司侵害发明专利权纠纷案

【案号】

一审：江苏省苏州市中级人民法院（2014）苏中知民初字第00311号

二审：江苏省高级人民法院（2016）苏民终291号

【裁判要旨】

并非所有以功能或者效果表述的技术特征都为功能性特征，对于权利要求中以功能或者效果表述的技术特征，如果本领域普通技术人员仅阅读权利要求即可直接、明确地确定实现上述功能或者效果的具体实施方式的，则不应将该技术特征认定为功能性特征，也即该技术特征的内容不能仅限于说明书所描述的实现该功能或效果的具体实施方式及其等同的实施方式。

如果教科书、工具书等公知常识类资料中已经记载了能够实现相同功能或者效果的具体实施方式，则此种情形即能够证明“本领域普通技术人员仅阅读权利要求即可直接、明确地确定实现上述功能或者效果的具体实施方式”，并可将其作为“以功能或者效果表述的技术特征”的技术内容。

原告对于权利要求中的某一技术特征并非功能性特征负有举证责任。

【案情介绍】

SMC株式会社系名称为“电磁阀”、专利号为ZL02130310.X号发明专利（以下简称涉案专利）的专利权人，其于2013年发现苏州山耐斯气动有限公司（以下简称山耐斯公司）销售、神驰气动有限公司（以下简称神驰公司）制造和销售的多款型号电磁阀产品（以下简称被诉侵权产品）侵害了其涉案专利的专利权，遂向江苏省苏州市中级人民法院提起诉讼，请求法院判令山耐斯公司和神驰公司停止制造和销售被诉侵权产品，神驰公司赔偿其各项经济损失及合理费用共计100万元。

涉案专利的权利要求1为：“一种电磁阀，包括阀和螺线管，该阀具有通过接近或远离阀壳体内的阀座而切换流路的阀芯，该螺线管在接近或远离上述阀座的方向驱动上述阀芯，而且该螺线管具备构成通电系的通电端子，其特征在于：上述阀壳体由具有电气绝缘特性的合成树脂构成，在把上述螺线管的通电端子插入到在上述阀壳体上的与螺线管的结合面上开设的端子插入孔内的状态下，固定上述螺线管和阀，在上述阀壳体上设置：用于插入从该阀壳体的外侧一直延伸到上述端子插入孔内的通电端子且与该通电端子电气连接的接触端子的开口”。涉案专利说明书第5页记载：“如图1～图3及图7所示，上述螺线管2构成为，嵌入式地固定铁心32于缠绕线圈31的线圈骨架30的一端，同时滑动自由地嵌入受该固定铁心32吸附的可动铁心33，通过围绕线圈31周围构成螺线管2外周的磁性罩34及位于该磁性罩34和可动铁心33之间的磁极35形成线圈31周围的磁性回路”。

在SMC株式会社提起本案诉讼之前，曾以乐清市迈得发自动化设备有限公司（以下简称迈得发公司）生产、销售的部分SY系列电磁阀产品侵犯其涉案专利为由，向上海市第二中级人民法院提起侵害发明专利权纠纷之诉［（2013）沪二中民五（知）初字第51号］。在该案中，该院委托司法技术鉴定并由工信部鉴定所作出第136－1号报告（以下简称第136－1号鉴定报告）。该报告认为，被诉SY系列电磁阀产品的技术特征B3为

“螺线管由一端开口的磁性罩、内装线圈、线圈骨架、移动铁芯、磁极板等部件组成，在接通或关闭电源时，线圈驱动铁芯进而驱动推杆、阀芯，在接近或远离阀座方向上做轴向位移”，而涉案专利权利要求1对应技术特征A3为“该螺线管在接近或远离上述阀座的方向驱动上述阀芯”。由于A3未逐个列出螺线管各部件及其与阀芯之间的互动关系，仅列出螺线管的功能效果为在接近或远离上述阀座的方向驱动阀芯，因此A3为功能性技术特征，需要通过说明书及其附图描述的该功能或者效果的具体实施方式及其等同的实施方式，确定该技术特征的内容。而根据说明书第5页第2自然段及附图1至图3及图7，A3螺线管的技术特征应限定为包括固定铁心、线圈、线圈骨架、可动铁心、磁极以及磁性罩。两者相比，B3中的螺线管缺少A3中的螺线管所具有的固定铁心，而以磁性罩的端壁部兼做固定铁心，故B3与A3该对应技术特征不同。

另，SMC株式会社还拥有名称为“电磁阀用筒形线圈”、专利号为ZL02130309.6的发明专利权，该专利系与涉案专利同日申请，并于2006年12月6日授权公告。该专利说明书第1页背景技术中记载的线圈构成包括有固定铁心，第2页发明内容记载为：“本发明的课题在于提供下述电磁阀用筒形线圈，通过使其它构件兼做固定铁心，可减少部件数目、简化装配工序，同时能够以更低的成本来制造”。

本案中，涉案专利权利要求1的前序部分技术特征“该螺线管在接近或远离上述阀座的方向驱动上述阀芯”（以下简称A3特征）的具体实施方式是否属于功能性特征，以及该技术特征的内容应如何确定是双方争议的焦点和法院审理的重点问题。SMC株式会社认为，A3特征并非功能性特征，其技术内容不能限于说明书中的具体实施例及其等同方式，退一步而言，即便被认定为功能性特征，被控产品的相应技术特征也与专利说明书实施例的相应技术特征构成等同特征；而神驰公司则抗辩认为，A3特征属于功能性特征，故该特征的技术内容应当由说明书第5页所记载的实现该功能（在接近或远离上述阀座的方向驱动上述阀芯）的具体实施例确定。由于被控侵权产品实现上述功能的实施方式与涉案专利说明书中所记载的具体方式既不相同也不等同，故被诉侵权产品未落入涉案专利权保护范围。

一审法院认为：

根据神驰公司在诉讼中确认以及第136－1号鉴定报告结论，被控产品与涉案专利权利要求1的技术特征相对比，缺少固定铁心，其余技术特征均相同。涉案专利权利要求1中“该螺线管在接近或远离上述阀座的方向驱动上述阀芯”的技术特征，系以能够实现的功能来进行表述的技术特征，其未对螺线管内各部件及其与阀芯之间的互动关系进行明确，属于功能性技术特征，对此应当结合说明书和附图描述的该功能或者效果的具体实施方式及其等同的实施方式来确定该技术特征的内容。涉案专利说明书在其实施例及附图中阐述的螺线管包括固定铁心、线圈、线圈骨架、可动铁心、磁极以及磁性罩，而被控产品的螺线管则由磁性罩、内装线圈、线圈骨架、移动铁心、磁极板等部件组成，并不包括固定铁心，而是以磁性罩的端壁部兼做固定铁心。两者对比，不属于该领域普通技术人员无需创造性劳动就能联想到的替换方式，应属于不同的技术手段。

关于SMC株式会社又主张第ZL02130309.6号专利公开了以磁性罩的端壁部兼做固定铁心的技术特征，且与涉案专利使用固定铁心的技术特征均在被控侵权行为发生之前，属于“本领域普通技术人员在被诉侵权行为发生时无需经过创造性劳动就能联想到的”，故应构成等同的问题，一审法院认为，前述表述，系指就本领域普通技术人员而言，在被诉侵权行为发生日前，在该专利所属技术领域内，依当时的技术水平及技术认知能力而言的技术手段的惯常替换，SMC株式会社持有的现行有效的第ZL02130309.6号名称为“电磁阀用筒形线圈”的发明专利中，其披露的区别于使用固定铁心的背景技术，以磁性罩的端壁部兼做固定铁心系该专利的发明内容，恰恰进一步印证如前所述的两者不等同的结论，故SMC株式会社该主张无法律依据不能成立。综上，被控产品“以磁性罩的端壁部兼做固定铁心”该技术手段与涉案专利说明书中包括“固定铁心”的具体实施方式不同，其与涉案专利权利要求1记载的该对应技术特征既不相同也不等同，未落入涉案专利权的保护范围。据此，一审法院判决：驳回SMC株式会社的诉讼请求。

SMC株式会社不服一审判决，向江苏省高级人民法院提起上诉，认为：1. 一审错误认定涉案专利“该螺线管在接近或远离上述阀座的方向驱动上述阀芯”为功能性技术特征，并由此错误地将涉案专利的保护范围缩小为涉案专利说明书实施例所描述的结构。2. 一审未考虑等同侵权判定时应以被诉侵权行为发生时的技术水平为判断标准，从而做出了“以磁性罩端壁部兼做固定铁心”与“独立固定铁心”不构成等同的错误认定。根据ZL02130309.6号专利的说明书，该专利发明点就是用磁性罩端壁部代替固定铁心，因此自ZL02130309.6号专利的授权公告日（2006年12月6日）起，磁性罩端壁部代替固定铁心的技术方案就为本领域技术人员所普遍知晓，成为本领域一般的技术知识。本案被诉侵权行为发生在2013年，在此时用磁性罩端壁部代替固定铁心的技术方案相对于独立固定铁心，不存在创造性劳动。因此在被诉侵权行为发生时，两者的技术手段基本相同，功能和效果均相同，且属于本领域技术人员无需经过创造性劳动就能联想到的替换，故应至少构成等同技术特征。

二审期间，SMC株式会社提交了2011版《中国电力百科全书（第二版)》，用于证明螺线管结构是公知常识，涉案专利的“该螺线管在接近或远离上述阀座的方向驱动上述阀芯”技术特征不应被认定为功能性特征。该书第100页记载：“电磁阀由电磁部分、中间部件、阀座及手动操作器四部分组成，电磁部分由电磁线圈与磁芯构成，电磁线圈可接受运行人员或自动装置发出的指令励磁或失磁，磁芯受电磁线圈驱动；中间部件由磁芯带动，分直动式与先导式两种”。

二审法院认为：

首先，根据《最高人民法院关于审理侵犯专利权纠纷案件应用法律若干问题的解释（二)》（以下简称《专利法司法解释（二)》）的相关规定，并非只要是以功能或者效果进行限定的技术特征就必然是功能性技术特征，如果本领域普通技术人员仅通过阅读权利要求即可直接、明确地确定实现上述功能或者效果的具体实施方式的，可以不认定为功能性技术特征。

其次，涉案专利的“该螺线管在接近或远离上述阀座的方向驱动上述阀芯”这一技术特征描述了阀芯、阀座以及螺线管之间的相互作用关系，限定了阀芯是在螺线管的作用下，接近或远离阀座，实现电磁阀的启闭。而根据SMC株式会社二审提交的新证据《中国电力百科全书（第二版）》所公开的电磁阀技术信息可知，“电磁线圈”相当于涉案专利的螺线管，“中间部件”相当于涉案专利的阀芯，“电磁线圈可接受运行人员或自动装置发出的指令励磁或失磁，磁芯受电磁线圈驱动；中间部件由磁芯带动，分直动式与先导式两种”相当于涉案专利“该螺线管在接近或远离上述阀座的方向驱动上述阀芯”。由于《中国电力百科全书（第二版）》为公开发行的书籍，且发行时间早于涉案专利的申请日，因此，其上记载的内容在本案的专利权利要求解释过程中应作为本领域普通技术人员所掌握的知识。由此，涉案专利权利要求所限定的阀芯、阀座以及螺线管之间的相互作用关系已经属于本领域普通技术人员的公知常识，本领普通技术人员在阅读涉案专利权利要求书时，能够清楚地理解“该螺线管在接近或远离上述阀座的方向驱动上述阀芯”是如何实现的，无需再从专利说明书的具体实施例中了解相关技术信息从而获知其具体实施方式。故第136-1号鉴定报告的鉴定意见不应采信，涉案专利的“该螺线管在接近或远离上述阀座的方向驱动上述阀芯”不应认定为功能性特征，更不应将该技术特征的结构限定为专利说明书的具体实施方式及其等同实施方式。

第三，被控产品的阀芯亦是在螺线管的驱动下接近和远离阀座，因此与涉案专利的“该螺线管在接近或远离上述阀座的方向驱动上述阀芯”这一特征相同。由于被控产品的其余技术特征与涉案专利对应技术特征均相同，因此根据全面覆盖原则，被控产品落入涉案专利权的保护范围。被控产品虽与专利说明书中所公开的具体实施例相比，缺少固定铁心，但如前所述，涉案专利的“该螺线管在接近或远离上述阀座的方向驱动上述阀芯”这一技术特征不能限定为说明书的具体实施方式，因此神驰公司关于被控产品因缺少固定铁心而不落入专利权保护范围的抗辩理由不予支持。

二审法院亦特别指出，在（2013）沪二中民五（知）初字第51号案以及本案一审中，当事人并未提交证明“该螺线管”及其实现“驱动上述阀芯”功能的内部结构为所属技术领域的普通技术人员普遍知晓，并推翻第136－1号鉴定报告鉴定意见的相关证据，因而作出该案判决的法院是基于查明的技术事实将涉案专利“该螺线管在接近或远离上述阀座的方向驱动上述阀芯”认定为功能性特征。而在本案二审中，根据新证据，可以证明本领域普通技术人员在阅读涉案专利权利要求书时，能够清楚地理解“该螺线管在接近或远离上述阀座的方向驱动上述阀芯”这一技术特征，故二审法院在新查明的事实基础上，适用《专利法司法解释（二）》相关规定，认定该技术特征为非功能性特征。

综上，二审法院撤销一审判决，改判神驰公司、山耐斯公司立即停止涉案侵害SMC株式会社涉案专利权的行为，神驰公司赔偿SMC株式会社经济损失及合理开支合计人民币15万元。

【法官评析】

功能性特征一直是专利理论研究和司法实践中的热点和重点研究对象。虽然《专利法司法解释（二）》第八条第一款已经对何为功能性特征作了较为明确的定义，而且也通过但书条款明确地指出：并非所有的以功能或者效果表述的技术特征都属于功能性特征[①]，但是在专利侵权判定的司法实践中，仍有不少形式上采用了功能和效果性质的词语表述，但实质上属于合理概括的技术特征被不当地认定为功能性特征，从而使得专利权利要求保护范围大为限缩，极大地损害了专利权人的合法利益。产生上述

---

① 《专利法司法解释（二）》第八条第一款规定：功能性特征，是指对于结构、组分、步骤、条件或其之间的关系等，通过其在发明创造中所起的功能或者效果进行限定的技术特征，但本领域普通技术人员仅通过阅读权利要求即可直接、明确地确定实现上述功能或者效果的具体实施方式的除外。

问题的主要原因有：

第一，惯性思维的影响。2009 年出台的《最高人民法院关于审理侵犯专利权纠纷案件应用法律若干问题的解释》【以下简称《专利法司法解释（一）》】关于功能性特征的认定采取了一刀切的标准，并没有规定例外情形，只要是以功能或者效果表述的技术特征，均应结合说明书记载的实现该功能或效果的具体实施方式及其等同方式确定其技术内容[①]。《专利法司法解释（一）》关于功能性特征所确定的绝对化标准固然便于司法实践操作，但却会导致一些权利要求保护范围被严重限缩，远小于专利申请人的合理预期[②]，削弱了专利权保护范围在专利申请和专利保护这两个阶段应有的稳定性和一致性。

第二，《专利法司法解释（二）》的但书部分所确立的“功能性特征排除标准”，即“本领域普通技术人员仅通过阅读权利要求即可直接、明确地确定实现上述功能或者效果的具体实施方式的除外”属于主观标准，难以把握和操作。由于“本领域普通技术人员”系拟制主体，该主体的认知水平很难拿捏得当，再要准确探知该拟制主体的主观认识状态，则难上加难。因此，该标准属于原则性规定，还需在实践中进一步细化，寻求客观的判断方法。

第三，司法解释关于功能性特征的规定尚不完备。在适用《专利法司法解释（二）》第八条第一款的但书部分情况下，将某一以功能或者效果表述的技术特征排除在功能性特征之外，会出现一个新的问题：如何确定该技术特征的技术内容，目前专利法司法解释对此尚无明确规定。由于专利侵权比对必须以权利要求存在明确的技术内容为前提，但仅从以功能和效果表述的技术特征难以确定该技术特征的技术内容，也就无法进行下一步的技术比对。综合以上因素，在专利审判的司法实践中，当遇到权利要

---

① 《专利法司法解释（一）》第四条规定：对于权利要求中以功能或者效果表述的技术特征，人民法院应当结合说明书和附图描述的该功能或者效果的具体实施方式及其等同的实施方式，确定该技术特征的内容。

② 《专利审查指南》第二部分第二章第 3.2.1 节中规定：对于权利要求中所包含的功能性限定的技术特征，应当理解为覆盖了所有能够实现所述功能的实施方式。

求中存在功能或者效果表述的技术特征时，司法往往趋于保守，倾向于将该技术特征认定为功能性特征。

本案非常具有典型性，案情以及裁判过程集中反映了当前关于功能性特征司法认定以及侵权比对中所存在的上述共性问题。针对这些问题，二审法院进行了积极探索，在查明新事实的基础上推翻了既有鉴定意见，认为权利要求中的争议技术特征并非功能性特征，不应以说明书中的具体实施方式限定其技术内容。在重新确定权利要求中的争议技术特征的技术内容后，再将专利权利要求与被诉侵权产品进行技术比对，最终认定被诉侵权产品落入涉案专利权的保护范围构成专利侵权。需要特别指出的是，在本案一审判决认定不构成侵权，而且相关鉴定意见以及另案一审判决亦有利于被告，但二审改判侵权成立的情况下，被告仍能自觉履行二审判决确定的赔偿义务，在相当程度上亦能反映出本案二审裁判观点的说服力以及当事人对此的认可度。本案二审就司法解释所确立的“功能性特征排除标准”所作的进一步细化及其具体操作方法，既接受了司法实践的检验，又拓宽了专利侵权案件的裁判思维和方法，取得了良好的法律效果和社会效果的统一。具体评述如下：

（一）关于“功能性特征排除标准”的理解。对于“变压器”、“放大器”等虽以功能或者效果表述，但已经成为技术领域甚至是日常生活中具有明确含义和指代对象的技术术语或者通用名词的这类技术特征，不应再将其认定为功能性特征，这在目前已经基本形成共识[①]。但是，本案争议的技术特征“该螺线管在接近或远离上述阀座的方向驱动上述阀芯”，与“变压器”、“放大器”等相比，尚未成为相关技术领域中具有明确含义的技术术语，更未

① 当然，前提条件是此类技术特征并非是专利的发明点所在，而仅仅是为了形成一个完整的技术方案而写入权利要求。对权利要求采用此类功能性限定符合专利法关于“权利要求应当清楚、简要地限定要求专利保护范围”的要求，属于合理概括。但如果发明本身是针对“变压器”、“放大器”等部分进行改进创新，或者是发明点必须结合某种特殊结构的“变压器”、“放大器”才能实现发明目的，则必须在权利要求中采用结构、组分、步骤、条件等包含有明确技术内容的表述进行限定，而不能采用这种功能性限定，否则，这些特征应当被认为属于功能性特征。

成为日常生活中具有明确含义的通用表述。在此情况下，是否还有必要进一步检验该技术特征是否符合《专利法司法解释（二）》所确立的“功能性特征排除标准”，这取决于对该标准的理解，对此实践中存在正反两种意见。

第一种意见认为，《专利法司法解释（二）》第八条第一款但书部分规定针对的仅是权利要求书中出现的“变压器”、“放大器”等此类在所属技术领域具有高度知晓程度的技术名词，因而在无需借助其他证据的情况下，即能够符合“仅通过阅读权利要求即可直接、明确地确定实现上述功能或者效果的具体实施方式”。而本案中争议的技术特征，根据另案中的鉴定意见，明显达不到“在所属技术领域具有高度知晓程度”，因此该技术特征的内容，需要结合说明书所记载的具体实施方式予以确定。

第二种意见认为，专利法司法解释中所规定的“本领域普通技术人员”系拟制主体，其含义可以参照《专利审查指南》中的“所属技术领域的技术人员”的概念[①]。因为对于某个具体的自然人而言，哪怕是技术领域中的专家，也无法绝对保证其不存在知识点上的疏漏，正因为此，专利法司法解释才引入了“本领域普通技术人员”的概念，以消除因个体认知水平差异所导致的判断偏差。这就意味着在功能性特征认定中应当允许引入一些客观性证据来证明某项以功能或者效果表述的技术特征是否符合功能性特征的排除标准。也就是说，除了“变压器”、“放大器”等此类日常生活都已经耳熟能详、已经无需举证即可认定符合“本领域普通技术人员仅通过阅读权利要求即可直接、明确地确定实现上述功能或者效果的具体实施方式”的技术特征之外，对于如本案中那样的尚未达到耳熟能详程度的技术特征，可以引入客观性证据来辅助判断。

本案二审最终支持第二种观点，并未简单地仅根据技术特征的表面形式就作出功能性特征的认定，而是根据客观证据从实质上去判断一项技术

① 《专利审查指南》中在创造性判断的相关章节中有“所属技术领域的技术人员”的概念：指一种假设的“人”，假定他知晓申请日或者优先权日之前发明所属技术领域所有的普通技术知识，能够获知该领域中所有的现有技术，并且具有应用该日期之前常规实验手段的能力，但他不具有创造能力。

特征是否为功能性特征，具体过程可见前文案情介绍部分以及判决书，此处不再赘述。需要注意的是，本案二审法院作出改判的依据是基于专利权人二审提交的《中国电力百科全书（第二版）》证据，而不是专利权人在一审程序中就主张的与涉案专利同日申请、并在被诉侵权行为日前公开的ZL02130309.6号专利。上述两个证据在形式上存在一定区别，记载在前者中的技术内容可以认为属于公知常识，而后者仅为一般性的现有技术（如果将功能性特征的判断时间点定为被诉侵权行为日的话），因此两者在证明涉案争议技术特征是否属于被诉侵权行为日即已为“本领域普通技术人员”所知悉，并且“仅通过阅读权利要求即可直接、明确地确定实现上述功能或者效果的具体实施方式”这一法律事实时，各自的证明力是不一样的。对于公知常识性证据，其证明力毋庸置疑；但是对于一般性的现有技术，是否具有单独证明“功能性特征排除标准”中相关待证事实的证明力，本案二审判决中并未明确表态，值得进一步研究。

（二）关于非功能性特征技术内容的确定。当适用“功能性特征排除标准”排除“某项以功能或者效果表述的技术特征”为专利法司法解释所特指的功能性特征后，紧接着产生的问题是如何确定该非功能性特征的技术内容，目前司法解释对此并没有相关规定。对此亦存在两种观点：

第一种观点认为，既然已经将相关技术特征认定为非功能性特征，那么在确定该技术特征的技术内容时，就无需受《专利法司法解释（一）》第四条规定的约束，可由该技术特征本身的表述内容确定其技术内容。由于该技术特征仅是以功能和效果限定其技术内容的，所以该技术特征应当理解为包含了能够实现该功能或者效果的所有实施方式。

第二种观点认为，此种情况下，该技术特征虽然不再按《专利法司法解释（一）》第四条所规定以说明书所记载的具体实施方式来确定其内容，但也并非意味着可将非功能性特征的内容理解为覆盖了所有能够实现所述功能的实施方式。专利保护的是技术方案而非功能或者效果，故在一般情况下，专利权利要求一般应由结构、组分、步骤、条件或其之间关系等具有实质技术内容的技术特征组成。但事实上，绝大多数的发明创造都是在前人的基础上作出的改进，即便是原创性发明，其完整技术方案中也必然会含有与现有技术共有的技术特征，对这些出现在现有技术中并且已为本领域普通技术人员所熟知其实施方式的技术特征，没有必要再在权利要求中一一详细表述，而可以进行合理适当的概括，最有效的方式就是采用功能或者效果性质表述来概括这些技术特征。故以功能和效果表述的技术特征的技术内容，只应限于那些已为本领域普通技术人员所知晓的实施方式，而不应当无限扩张为所有能够实现相同功能或者效果的实施方式，否则将会使得专利保护范围与技术贡献失衡，挤压创新空间。

本案二审判决支持了第二种观点，由于公知文献《中国电力百科全书(第二版)》中所记载能够实现争议技术特征相同功能的实施方式应为“本领有普通技术人员”所知晓和掌握，因此将其确定为涉案争议技术特征的技术内容（包括但不限于)，并将其与被诉侵权产品的相应技术特征进行技术比对，该过程不再重述。二审判决所采用上述确定非功能性特征技术内容的方法，是在正确理解了功能或者效果方式表述的技术特征存在原因和意义的基础上，所进行的一次积极的探索，该方法的价值取向，与专利保护力度应与其技术贡献相适应的司法裁判理念相契合。

（三）关于功能性特征认定的相对性。本案审理思路和判断方法体现出法院对于功能性特征持相对认定和个案认定的司法态度和裁判理念。知识产权较之于物权、债权的重要区别是权利边界并非绝对清楚和明确。就专利权而言，就有专门的无效宣告程序，允许任何人（包括专利权人本人）不限次数、不限时间地向专利复审委员会提出宣告某项专利权无效的请求，专利复审委员会一般也是在请求人所提出的无效理由和证据范围内审查相关专利权是否有效①。因此，专利权的权利具有相对性，其权利是否稳定很大程度上取决于个案中申请人的举证情况。本案所涉的功能性特征的认定同样如此，相关鉴定机构在鉴定过程中并未检索到本案二审中权利人提交的新证据，而另案一审判决、本案一审判决在没有确切证据能够证明涉案争议技术特征符合司法解释所规定的“功能性特征排除标准”情况下，认定涉案技术特征属于功能性特征，并无适用法律方面的不当之处，此点本案二审判决已特别指出。本案二审判决在采信新证据的基础上，对涉案争议技术特征的性质重新作出认定，涉案专利权的保护范围也相应地作出重新调整，充分体现出专利权具有权利边界相对稳定的特性，这对于引导当事人积极举证维护自身合法权益、破除专利司法裁判中机械保守思维具有非常重要的意义。当然，强调功能性特征认定具有相对性，并不意味着允许当事人可以在民事侵权程序中无休止举证，应当通过程序设计以规制那些怠于举证和诉讼突击的行为，以避免程序不公和耗费司法资源，维系司法的公平和效率。

（张晓阳　作者单位：江苏省高级人民法院法官）

---

① 《专利审查指南》规定了在7种情形下，专利复审委员会可以依职权审查：(1) 请求人提出的无效宣告理由明显与其提交的证据不相对应的，专利复审委员会可以告知其有关法律规定的含义，允许其变更或者依职权变更为相对应的无效宣告理由。(2) 专利权存在请求人未提及的明显不属于专利保护客体的缺陷，专利复审委员会可以引入相关的无效宣告理由进行审查。(3) 专利权存在请求人未提及的缺陷而导致无法针对请求人提出的无效宣告理由进行审查的，专利复审委员会可以依职权针对专利权的上述缺陷引入相关无效宣告理由并进行审查。(4) 请求人请求宣告权利要求之间存在引用关系的某些权利要求无效，而未以同样的理由请求宣告其他权利要求无效，不引入该无效宣告理由将会得出不合理的审查结论的，专利复审委员会可以依职权引入该无效宣告理由对其他权利要求进行审查。(5) 请求人以权利要求之间存在引用关系的某些权利要求存在缺陷为由请求宣告其无效，而未指出其他权利要求也存在相同性质的缺陷，专利复审委员会可以引入与该缺陷相对应的无效宣告理由对其他权利要求进行审查。(6) 请求人以不符合专利法第三十三条或者专利法实施细则第四十三条第一款的规定为由请求宣告专利权无效，且对修改超出原申请文件记载范围的事实进行了具体的分析和说明，但未提交原申请文件的，专利复审委员会可以引入该专利的原申请文件作为证据。(7) 专利复审委员会可以依职权认定技术手段是否为公知常识，并可以引入技术词典、技术手册、教科书等所属技术领域中的公知常识性证据。由此可以看出，符合依职权审理的情形都是非常特殊的情形。

9

对司法解释中禁止反悔原则“明确否定”规定的理解

——曹某某等诉重庆力帆汽车销售公司等侵害发明专利权纠纷案

【案号】

一审：江苏省南京市中级人民法院（2014）宁知民初字第135号

二审：江苏省高级人民法院（2016）苏民终161号

【裁判要旨】

认定专利申请人、专利权人在专利授权确权程序中对权利要求书、说明书及附图的限缩性修改或者陈述未导致该技术方案的放弃，必须符合该限缩性修改或者陈述被专利授权确权机构以明示方式予以明确否定的要求。

【案情介绍】

蒋小平于2007年1月23日提出名称为“鲨鱼鳍式天线”的发明专利申请，于2007年7月18日公开，于2012年5月23日获得授权，专利权人为蒋小平，专利号为200710019425.7。2015年4月7日，专利权人变更为蒋小平和泰州苏中天线集团有限公司，该专利至今合法有效。

该发明专利的权利要求1是：一种鲨鱼鳍式天线，其特征在于具有天线外壳，天线外壳内侧上部设置有无线电接收天线，无线电接收天线一端设有天线信号输出端，天线信号输出端通过天线连接元件与天线放大器信号输入端相连接，或直接与同轴电缆匹配相连，天线外壳底部装有安装底板；所述无线电接收天线通过注塑嵌装或固定卡装在天线外壳内侧上部；在天线外壳内侧上部设置有无线电接收天线，所述无线电接收天线采用螺旋状弹簧天线或金属天线，增加了天线接收无线电信号的有效长度，实现360度全向性信号接收；所述无线电接收天线为AM/FM共用天线。(见附图一)

蒋小平起诉指控重庆力帆汽车销售有限公司（简称力帆销售公司）、重庆力帆乘用车有限公司（简称力帆乘用车公司）、力帆实业（集团）股份有限公司、昆山骅盛电子有限公司等（简称骅盛公司）涉案生产、销售、许诺销售被诉汽车天线产品的行为侵犯其涉案专利权。(见附图二)

一审法院认为，将专利与被诉产品相比较可见：1. 被诉产品的天线信号输出端通过天线引线与天线放大器信号输入端相连接，虽然没有单独的天线连接元件，但天线的引线作为导线与天线放大器信号输入端相连接，该天线引线也是天线连接元件的一种，被诉产品的该技术特征与原告专利的该技术特征相同；2. 蒋小平专利的天线安装方式是注塑嵌装或固定卡装，被诉产品的天线安装方式是用胶粘贴安装固定，该变动在本领域的普通技术人员看来，是以基本相同的手段，实现基本相同的功能，达到基本相同的效果，在侵权行为发生时无需创造性劳动即可联想到的特征，故被诉产品的该技术特征与蒋小平专利的该技术特征构成等同；3. 经现场测试，被诉产品能够实现360度全向性信号接收，力帆三公司、骅盛公司对此亦无异议，故被诉产品该技术特征与专利相同。一审认定被诉产品落入专利权保护范围，力帆销售公司、力帆乘用车公司和骅盛公司共同实施了相关侵权行为，判决三公司连带赔偿蒋小平包括合理费用在内的经济损失共200万元。

力帆销售公司、力帆乘用车公司和骅盛公司不服一审判决，向江苏省高级人民法院提起上诉，认为本案应当适用禁止反悔原则。理由是：在专利无效程序中，专利权人提出专利与证据1 CN1841843A专利存在5点区别，专利复审委员会第25637号无效决定也认可了上述区别技术特征，并维持专利有效。因此，专利权利要求1的保护范围由于专利权人的陈述及无效决定书的认定已经限制为：（1）天线信号输出端通过天线连接元件与天线放大器信号输入端相连，排除了天线信号输出端直接与天线信号放大器信号输入端相连的方案；以及（2）无线电接收天线通过注塑嵌装或固定卡装在天线外壳内侧上部，而排除了这两种安装方式以外的固定安装方式。专利权人上述对权利要求方案的限制，在侵权诉讼中不能反悔。一审认定被诉产品的天线引线也是天线连接元件的一种，两者技术特征相同；被诉产品天线安装方式是用胶粘贴固定，两者技术特征等同，该认定违反了禁止反悔原则。而蒋小平则抗辩称，其在无效程序中陈述的意见，都是相对于对比文件与专利的区别特征，并没有违反禁止反悔原则。

二审查明与禁止反悔相关的事实：

1. 蒋小平在2014年9月18日提交专利复审委员会的“意见陈述书”中表述如下意见：“请求人认为涉案专利权利要求1与证据1 CN1841843A存在三个区别技术特征：(1) 天线信号输出端通过天线连接元件与天线放大器信号输入端相连；(2) 所述无线电接收天线通过注塑嵌装或固定卡装在天线外壳内侧上部；(3) 无线电接收天线为AM/FM共用天线。对此，专利权人认为还存在其他区别，具体有：(4) 鲨鱼鳍式天线，从主题上，涉案专利是鲨鱼鳍式天线，与一般的如证据1的鱼鳍式天线还是存在明显区分的。鲨鱼鳍的外形更流畅，极具运动感，使用过程中风阻较小，高度低，防风、雨，密封性能好，天线使用寿命长同时也便于安装，经过这些年的发展也逐渐被广大消费者接受，在百度百科中也有记载，而一般的其他类似鱼鳍式天线并没有此有益效果，因此，专利权人认为，这也是一个明确的区别特征；(5) 无线电接收天线采取螺旋状弹簧天线或金属天线，增加了天线接收无线电信号的有效长度，实现360度全向性信号接收，在证据1中，并没有公开该技术特征……也是一个明显的区别特征”“对于区别特征(1)‘天线信号输出端通过天线连接元件与天线放大器信号输入端相连’，请求人认为是惯用的技术手段，对此，专利权人不予认同，在证据1中，并没有公开‘天线信号输出端通过天线连接元件与天线放大器信号输入端相连’这一技术特征……”“请求人认为‘天线信号输出端直接与同轴电缆匹配相连’属于公知常识，对于这一点，专利权人认为不是的，正如之前所陈述的意见，该技术特征在一个技术方案中是否采用，要不要替换，这是需要花费创造性劳动才能想到的，由于涉案专利权利要求

1采用的是鲨鱼鳍式天线，与现有的技术是完全不同的，其在结构上，部件的设置上也是存在明显区别的，且与其他技术特征结合起来组成的技术方案鲨鱼鳍式天线，设计合理、结构简单、紧凑，造型美观，安装使用方便……相对于现有技术，具有显著的进步”“对于区别特征（2）‘所述无线电接收天线通过注塑嵌装或固定卡装在天线外壳内侧上部’，在证据2 CN2809914Y中公开的是将天线组安装在保险杆的内侧，并没有公开上述区别技术特征，同时也没有给出技术启示，同时，上述结构使得整个鲨鱼鳍式天线结构简单、紧凑，信号传递效果好，防风、雨，密封性能好，天线使用寿命长，并不是很容易想到的安装方式”“因此，专利权人认为，涉案专利权利要求1的技术方案相对于现有技术和公知常识的结合具有创造性，符合专利法第22条第3款的规定。”

在蒋小平2014年11月24日提交专利复审委员会的“意见陈述书”中，其重述了上述观点。

另，对比文件1 CN1841843A发明专利图3，可见天线22和231讯号放大电路之间只有连接线，未见其他结构（见附图三）。

2. 专利复审委员会第25637号无效宣告审查决定书第14页倒数第三段记载：“在上述技术方案中，鱼鳍状外盖21即相当于本权利要求1中的天线外壳；AM天线22为连接装设于该鱼鳍状外盖21的内侧，并可置放鱼鳍突出的内部空间的顶部即相当于权利要求1中的天线外壳内侧上部设置有无线电接收天线……”。第14页倒数第二段记载：“本专利权利要求1的技术方案与证据1－1/证据2－1/证据3－1（注：“证据3－1”系力帆销售公司在无效宣告程序中提交给专利复审委员会的对比文件CN1841843A发明专利申请公开说明书复印件）的技术方案相比，其区别在于：a. 天线信号输出端通过天线连接元件与天线放大器信号输入端相连，或者直接与同轴电缆匹配相连；b. 所述无线电接收天线通过注塑嵌装或固定卡装在天线外壳内侧上部；c. 所述无线电接收天线为AM/FM共用天线。基于上述区别特征可以确定，本专利权利要求1实际所要解决的技术问题是：如何通过较少天线实现安装方便，无线电信号接收效果好的天线接收装置。”第16页倒数第一段记载：“对于上述区别特征c，由证据1-1/证据2-1/证据3-1所公开的上述内容可知，其提出了一种鱼鳍式天线装置的技术方案，该技术方案主要为了克服其背景技术中所提及的长棒状伸缩型AM/FM共享天线容易发生故障、螺旋状天线的无线电接收度不理想、贴附于汽车玻璃上的AM/FM共享天线较昂贵的缺陷，其采用的技术手段主要为，将AM天线及FM共振天线采用分离式设计，……换言之，该技术方案正是采用了将AM天线和FM天线作分离式设计形成两根天线的技术手段来实现可克服背景技术中所提及的缺陷、接收讯号效果好的鱼鳍式天线装置，而多根天线的使用在本专利中认为是存在技术缺陷的技术手段，将AM天线和FM天线作分离式设计的技术手段与本专利中使用的AM/FM共用天线的技术手段是相背离的，若在证据1-1/证据2-1/证据3-1所公开的技术方案的基础上结合使用AM/FM共用天线的技术手段则会使得其不能解决其所要解决的技术问题，即在证据1-1/证据2-1/证据3-1中存在相反的技术教导，阻碍了本领域技术人员在本领域或相关技术领域寻求手段来解决本专利实际所要解决的技术问题，本领域技术人员在证据1-1/证据2-1/证据3-1所公开的技术方案的基础上无法获得将其与现有技术中的使用AM/FM共用天线的技术手段相结合的技术启示，因此，即使上述区别特征c被证据1-4或者证据3-3所公开，或者属于本领域的公知常识，本领域技术人员亦无法获得在证据1-1/证据2-1/证据3-1所公开的技术方案的基础上结合本领域的公知常识或上述证据的技术启示，从而无法获得本专利权利要求1的技术方案，并且，本专利权利要求1保护的方案能够获得天线安装方便、无线电信号接收效果好的有益的技术效果。因此，本专利权利要求1相对于证据1-1/证据2-1/证据3-1与本领域公知常识或证据1-2至证据1-4、证据2-3至证据2-5、证据3-1至证据3-5、证据3-8的一个或多个组合均具备创造性，符合专利法第22条第3款的规定。”

二审法院认为：

因专利权人在专利无效程序中对权利要求进行了限缩性的意见陈述，

且该意见陈述并未被专利复审委员会明确否定，故力帆两公司依据禁止反悔原则，主张被诉产品的“天线引线”不能等同于专利的“连接元件”、被诉产品的“胶粘接”不能等同于专利的“固定嵌装或卡装”，被诉产品没有落入专利权利要求保护范围成立，法院予以支持。蒋小平主张本案不应适用禁止反悔的抗辩理由不能成立，法院不予采纳。二审判决：撤销一审判决；驳回曹某某等的诉讼请求。

【法官评析】

禁止反悔原则，是指专利权人在专利授权或者无效程序中为获得授权或者维持专利权的有效性而对其保护范围进行限制，在专利侵权诉讼中应禁止专利权人推翻自己所做的限制而扩大专利权的保护范围。禁止反悔原则源于民法诚实信用原则，其目的是为了防止专利权人出尔反尔，两头得利，以合理平衡专利权人与社会公众的利益。禁止反悔原则的适用在我国司法实践中经历了一个发展过程，该原则最早体现于司法实践的个案运用，之后最高人民法院于 2009 年出台的《关于审理侵犯专利权纠纷案件应用法律若干问题的解释》［简称专利法司法解释（一）］正式确立禁止反悔原则，而 2016 年最高人民法院出台的《关于审理侵犯专利权纠纷案件应用法律若干问题的解释（二）》［简称专利法司法解释（二）］对禁止反悔原则的适用又作出进一步限定。本案中，二审法院对于涉案专利应否适用禁止反悔原则进行了具体分析。

（一）关于司法解释禁止反悔原则规定的理解。专利法司法解释（一）第六条规定：“专利申请人、专利权人在专利授权或者无效宣告程序中，通过对权利要求、说明书的修改或者意见陈述而放弃的技术方案，权利人在侵犯专利权纠纷案件中又将其纳入专利权保护范围的，人民法院不予支持”。然而在实务中，对于何为第六条规定的“技术方案的放弃”，在理解上一直存在争议，大致有两种观点：一种观点认为，只要是申请人或专利权人在专利授权或者无效宣告程序中作出限制性的修改或意见陈述，均应认定是“技术方案的放弃”，应当适用禁止反悔原则；另一种观点认为，只有限制承诺或放弃保护的技术内容必须对专利权的授予或者维持专利权有效产生实质性作用的，才能认定为“技术方案的放弃”，否则不能适用禁止反悔原则。为此，最高人民法院专利法司法解释（二）第十三条明确规定：“权利人证明专利申请人、专利权人在专利授权确权程序中对权利要求书、说明书及附图的限缩性修改或者陈述被明确否定的，人民法院应当认定该修改或者陈述未导致技术方案的放弃。”从上述规定可见，专利法司法解释（二）在专利法司法解释（一）的基础上，增加“明确否定”要件作为禁止反悔原则适用的例外情形，即申请人、专利权人在专利授权确权程序中对专利权利要求书、说明书及附图作出限缩性修改或者陈述，只有被“明确否定的”，才不导致技术方案的放弃，不适用禁止反悔。但如何准确理解第十三条规定的“被明确否定”，依然会存在争议，因为专利授权确权程序中的通常做法是，要么明确接受，要么“未予评述”或“不予置评”，事实上很难看到“明确否定”的实例。但根据文义解释，第十三条规定的“明确否定”应当是指授权确权机构以明示的方式明确作出“不予采信的”的否定性意思表示，而不能是推定其具有否定性的意思表示，因而对于“未予评述”，无论是意思表示的形式还是法律效果均不符合“明确否定”的要求。由此可见，专利法司法解释（二）对禁止反悔原则的适用条件虽然有所限缩，但因仅限缩于“明确否定”，故实际的限缩程度十分有限，这就要求专利申请人、专利权人在专利授权或者无效程序中发表限制或者部分放弃专利权利要求保护范围的意见时，必须持极其审慎的态度。而司法解释的严格限定，在某种程度上表现出倒逼专利授权确权质量提高的司法态度，即在授权确权阶段应当尽量明确权利要求中相关技术特征的准确含义，清晰界定专利权利要求的保护范围，这对于尽量减少侵权阶段的纷争至关重要。

（二）关于本案应否适用禁止反悔原则的分析意见。在本案中，双方当事人对蒋小平在涉案专利无效程序中所作的相关意见陈述是否产生“技术方案的放弃”的法律后果，持有不同观点。力帆公司等认为，专利复审委员会对蒋小平所作的涉案专利与现有技术相比存在 a、b 区别特征的这种限制性意见陈述并未作出评价，也就是说，蒋小平所作的该部分的限制性陈述意见并未被专利复审委员会明确否定，故根据专利法司法解释（二）第十三条的规定，蒋小平的上述限制性陈述应受禁止反悔原则的约束，产生技术方案放弃的法律后果。而蒋小平则认为，力帆公司等对禁止反悔原则的理解不当，限制承诺或放弃保护的技术内容必须对专利权的授予或者维持专利权有效产生实质性作用，专利复审委员会系基于 AM/FM 公用天线设置在鲨鱼鳍壳内侧上部特征的技术效果，才维持了专利权有效，只有对授权和维持专利权有效起决定性作用的技术特征才适用禁止反悔，而区别特征 a 和 b 并没起到决定性作用，故不应适用禁止反悔。

对此，二审法院认为，本案现有证据足以认定应当适用禁止反悔。经查，在无效审查程序中，蒋小平提交给专利复审委员会的意见陈述书认可涉案专利权利要求 1 与证据 1 CN1841843A 存在的区别特征在于：a、天线信号输出端通过天线连接元件与天线放大器信号输入端相连，或者直接与同轴电缆匹配相连；b、所述无线电接收天线通过注塑嵌装或固定卡装在天线外壳内侧上部；c、所述无线电接收天线为 AM/FM 共用天线。根据第 25637 号无效审查决定书的记载，本专利权利要求 1 的技术方案与证据 3 - 1 的技术方案相比，其区别特征在于 a、天线信号输出端通过天线连接元件与天线放大器信号输入端相连，或者直接与同轴电缆匹配相连；b、所述无线电接收天线通过注塑嵌装或固定卡装在天线外壳内侧上部；c、所述无线电接收天线为 AM/FM 共用天线。值得关注的是，专利复审委员会在第 25637 号无效审查决定书中并没有对区别特征 a 和 b 是否使得涉案专利具有创造性进行具体评价，而在第 16 页第 5 段仅就 c 特征使得涉案专利具备创造性作出了认定，并在此基础上维持专利权有效。因此，二审认为，蒋小平主张对授权和维持专利权有效起决定性作用的技术特征才适用禁止反悔，其意指对于专利申请人、专利权人的限缩性修改或者陈述没有被授权确权行政机关所采纳，即对专利权的授予或者维持专利权有效没有产生实质性作用，故不应适用禁止反悔，不产生技术方案放弃的后果。但是，蒋小平的上述主张并不符合专利法司法解释（二）第十三条所规定的“明确否定”要件的要求。本案中，蒋小平就a、b区别特征所作限缩性意见陈述，涉及与专利创造性的实质性判断相关的内容，而专利复审委员会并没有对a、b特征是否使得涉案专利具有创造性作出明确评价，相当于“未予评述”，因而其无论是意思表示的形式还是法律效果均不符合“明确否定”的要求。具体分析意见如下：

第一，关于天线信号输出端与天线放大器信号输入端的连接关系，专利权人已将专利天线信号输出方式限定为“通过天线连接元件与天线放大器信号输入端相连接”或者“直接与同轴电缆匹配相连”，而被诉产品采取“天线引线与电子线路板相连”，其天线信号输出端既未与天线连接元件相连，又没有与同轴电缆匹配相连，两者技术特征并不相同。在一审中，蒋小平认为，“涉案专利权利要求并没有限定连接元件的具体结构及具体形式；引线属天线连接元件的一种，引线连接也是一种连接方式”。但二审法院认为，对于本领域普通技术人员而言，连接元件系具有特定的含义，是指连接天线与放大电路的元件，故蒋小平的上述主张缺乏依据，不应采纳。一审认为“天线引线也是天线连接元件的一种，被控侵权产品的该技术特征与原告专利的该技术特征相同”，该认定亦缺乏依据，应予纠正。

第二，关于无线电接收天线的固定方式，在对比文件1CN1841843A发明专利中已经公开了将天线设置在天线外壳内侧上部的技术特征，仅是未见具体的固定方式，但专利权人已将无线电接收天线在天线外壳内侧上部的固定方式限定为“注塑嵌装或固定卡装”，应认定为放弃了其他固定方式。本案中，被诉产品采用“胶粘贴”的固定方式，直接将无线电接收天线的两端粘在外壳内侧，与专利相应技术特征并不相同。

基于以上分析，二审最终认定本案应当适用禁止反悔原则，判定被诉产品不构成侵犯专利权。

附图一：涉案专利“鲨鱼鳍式天线”

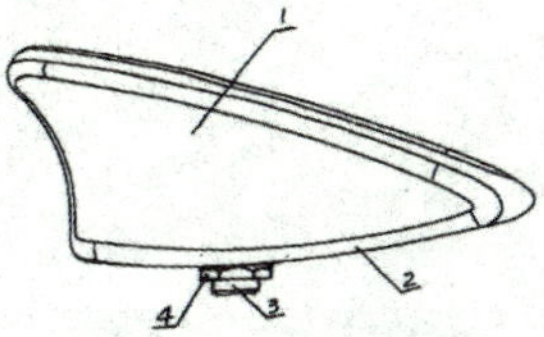

图1

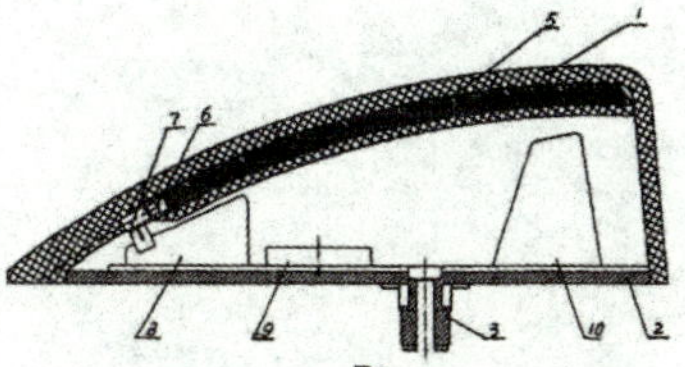

图2

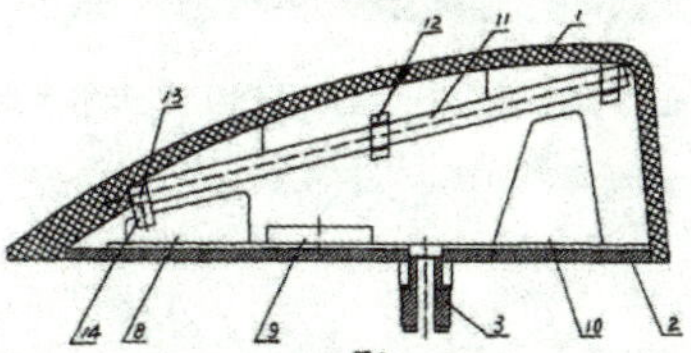

图3

附图二：被控侵权产品

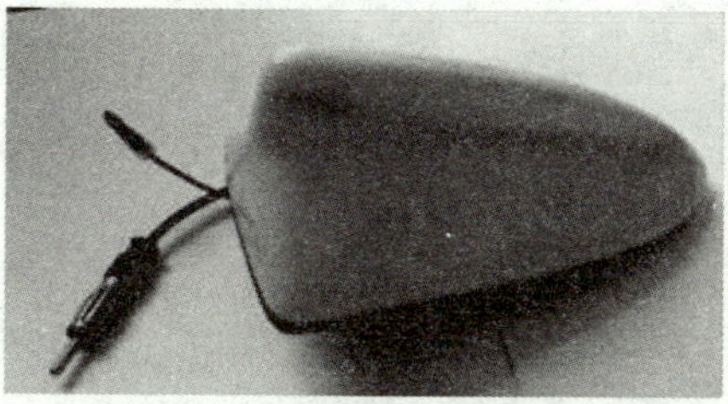

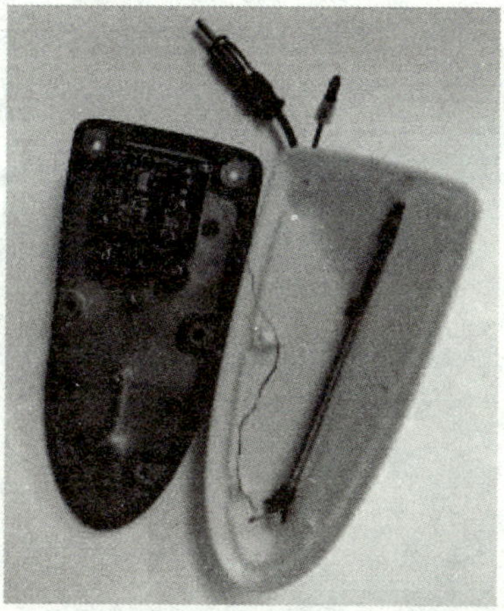

附图三：公开号 CN1841843A 专利“汽车收音机的鱼鳍式天线装置”

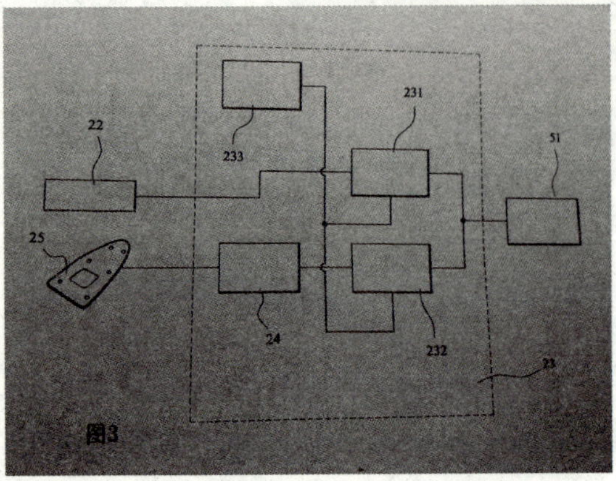

附图四：现有技术（台湾专利申请公报 M300380“天线结构改良（三）”附图）

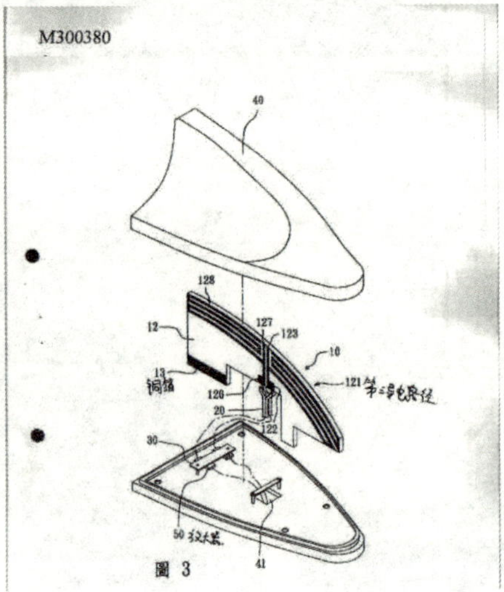

（宋健　作者单位：江苏省高级人民法院法官）

二、商标案件

SHANG BIAO AN JIAN

10

从立法目的分析商标“撤三”案件证据采信规则

——南社布兰兹公司诉商评委、李琛商标行政纠纷案

【案号】

一审：北京知识产权法院（2015）京知行初字第2575号

二审：北京市高级人民法院（2016）京行终2263号

【裁判要旨】

在“撤三”案件中，若将诉争商标使用在他人的商品上时，即该商品上同时存在他人的已注册商标和诉争商标。此种使用行为并未起到将诉争商标的权利人视为该商品提供主体的作用，易使相关公众认为商品的提供者为他人。因此，此种商标使用行为不能视为商标法意义上的使用，不能据此维持商标注册。

【案情介绍】

第三人李琛在第33类葡萄酒、酒（饮料）、果酒（含酒精）、白兰地、米酒、清酒、威士忌酒、伏特加（酒）、朗姆酒、含酒精饮料（啤酒除外）商品上注册有第5662026号“奔富”商标（下称诉争商标），商标申请注册日为2006年10月16日。2012年9月3日，南社布兰兹有限公司（下称南社布兰兹公司）就诉争商标以连续三年停止使用为由，向国家工商行政管理总局商标局（下称商标局）提出撤销申请。商标局作出决定：撤销诉争商标。李琛不服上述决定，向国家工商行政管理总局商标评审委员会（下称商评委）提出复审申请。复审阶段，李琛为证明诉争商标在2009年9月3日至2012年9月2日（下称指定期间）进行了有效使用，

提交了如下证据：2012年7月23日，李琛与泽丰公司签订的商标许可使用合同；2012年7月23日泽丰公司向夏图公司销售“奔富酒”的销售发票；泽丰公司委托他人定牌生产的“奔富”酒实物照片等证据。2014年12月12日，商评委作出被诉决定，认定：李琛提交的证据能够形成有效证据链，证明在指定期间诉争商标由商标注册人许可他人，在其核定商品上进行了真实的商业使用，诉争商标未构成“连续三年停止使用”所指情形。决定：诉争商标予以维持。南社布兰兹公司不服被诉决定，向北京知识产权法院提起行政诉讼。

一审法院经审理，判决撤销被诉决定，责令商评委重新作出决定。李琛不服提出上诉，二审法院判决驳回上诉，维持原判。法院认为：一、李琛提供了其与泽丰公司签订的《商标使用许可合同》以及泽丰公司向夏图公司开具的销售发票。但在李琛许可泽丰公司使用诉争商标之前，李琛已许可夏图公司使用诉争商标。标注诉争商标的商品买卖行为是在泽丰公司与夏图公司两个被许可人之间发生。虽然不能仅因使用相关商标的商品买卖行为发生在被许可使用人之间而否认商标的识别功能，但该商标是否真正发挥识别作用亦应结合日常生活经验和商业交易惯例加以综合判断。泽丰公司在与李琛签订的《商标使用许可合同》当日即向夏图公司销售标有诉争商标的商品，在缺乏其他证据予以佐证的情况下，结合日常生活习惯和商业交易惯例，发生在两个被许可人之间的交易行为难以认定该买卖行为的发生是基于商标的识别作用而建立的。二、依据南社布兰兹公司提供的相关证据显示李琛曾自认其为“奔富”葡萄酒的进口商，其销售的葡萄酒瓶贴正面均标有南社布兰兹公司所持有的注册商标。相关证据足以证明李琛提供的多份标有“奔富”字样的葡萄酒销售发票中所销售的商品应为南社布兰兹公司所提供的商品。因此，本案中同一种商品上同时存在南社布兰兹公司所持有的注册商标和诉争商标，而诉争商标系使用在南社布兰兹公司所提供的葡萄酒商品上，相关公众见到此类商品时会认为该葡萄酒的提供者应为南社布兰兹公司，诉争商标的此种使用行为未起到使相关公众将李琛识别为该葡萄酒提供主体的作用。因此，标有诉争商标的上述商品销售行为不能视为李琛使用诉争商标的行为。

【法官评析】

2001年商标法第四十四条第（四）项规定，连续三年停止使用注册商标的，由商标局责令限期改正或者撤销其注册商标。2002年8月3日施行的商标法实施条例第三条规定，商标法和本条例所称商标的使用，包括将商标用于商品、商品包装或者容器以及商品交易文书上，或者将商标用于广告宣传、展览以及其他商业活动中。新修改的商标法第四十九条第二款规定，没有正当理由连续三年不使用注册商标的，任何单位和个人可以向商标局申请撤销该注册商标。第四十八条规定，商标的使用，是指将商标用于商品、商品包装或者容器以及商品交易文书上，或者将商标用于广告宣传、展览以及其他商业活动中，用于识别商品来源的行为。2014年施行的商标法实施条例第六十六条第二款规定，使用的证据材料，包括商标注册人使用注册商标的证据材料和商标注册人许可他人使用注册商标的证据材料。

在司法实践中，有观点认为对于商标使用行为的认定仅是证据的认定，故此种案件的审查仅为证据的审查。但笔者认为对于"撤三"制度中商标使用的认定要从使用目的、使用方式，并结合商标的基本功能和商标法立法目的等方面进行综合分析判断，既是事实认定也是法律判断。

一、相关法律规定

目前存在的商标注册制度有使用主义和注册主义两种。使用主义即商标使用作为注册的前提，若某个标志没有实际使用，不能作为商标申请注册。注册主义即商标在行政管理机关进行申请作为注册的前提，某个标志即使没有实际使用，只要符合商标法关于注册商标要件的规定，就可以申请注册商标，从而取得专用权。在采取注册主义的大陆法系国家的商标法中一般都有注册商标连续停止使用撤销制度的规定，目的是及时清理闲置商标，进行社会资源的整合和优化，避免商标资源被不正当的占用。

《保护工业产权巴黎公约》第4条C（1）规定，如果在任何国家，注册商标的使用是强制的，只用经过适当的期间，而且只有有关人员不能证明其不使用有正当理由，才可以取消注册。TRIPS协议第15条、第19条也有类似的规定，即如果成员将使用作为维持注册有效的条件，那么只有在至少3年不间断的期间内没有使用，而且商标持有人也不能提出阻止这种合理使用理由的情况下，可以撤销该注册商标。日本商标法第50条第1项、第54条第2项规定，注册商标连续三年在日本国内没有在指定商品或者指定服务上使用的，任何人都可以就没用使用的商品或者服务的注册商标提出撤销准司法审查。我国商标法中有关注册商标连续三年不使用撤销制度的规定与《保护工业产权巴黎公约》第4条C（1）是相一致的。

二、我国商标法有关“撤三”的立法目的

基于以下原因，我国商标法规定了“连续三年不使用撤销”制度（下称“撤三”制度）：一、由于商标资源的有限性，如果注册商标申请人不具有使用商标的真实意图，商标获得注册后若并不实际投入使用，则会造成大量注册商标闲置现象，同时将会妨害他人申请注册相同或相似商标；二、若长期不使用注册商标，商标的识别和品质保障等功能难以得到有效发挥；三、大量商标获得注册后长时间不使用易造成商标囤积现象，影响市场经济的良性竞争和有序发展。因此，不以实际使用作为获得注册要件的商标注册主义国家来说，从社会成本角度来看，应从法律层面对连续经过一定期限不使用的商标拒绝给予法律保护。

在审理涉及商标权撤销复审的行政案件时，由于个案证据举证情况不同，案情不同，导致理论上很难对何种行为是商标法上的使用作出一个统一的判定标准，所以在司法实践中相关人员只能通过结合商标法上的有关规定与具体案件相结合来判断该行为是否为商标法上的实际使用行为，有时可能会产生类似的证据却有不同的认定结论。例如对不标注商标的销售发票，虽然该发票的开具时间在指定期间内，但有的案件中会认定其证明力，有的案件却不认可。当事人会误认为法院存在同案不同判的情况，其实法院的判断标准是统一的。都需要结合案件的其他证据，进行综合分析。虽然案件表面证据纷杂不一，但对于“撤三”案件判断的法理基础却很统一，即应当根据商标的基本功能、商标法有关规定的立法精神和立法目的，正确判断所涉行为是否构成实际使用。

回归到商标法“撤三”制度设置的初衷，其立法目的在于激活商标资源，清理闲置商标，而非惩罚商标权人。“撤三”制度的设立以促成商标权人以积极地、体现了其控制能力和支配意愿的方式来使用商标为目的，从而促进产业经济的良性发展。使用是注册商标创造、维护和提升其市场价值和商业信誉的重要方式。如果商标不使用则不但无法发挥其区别商品或服务来源的基本功能，还将浪费社会资源，并妨碍市场的自由竞争。因此，在商业活动中，公开、合法、真实的使用商标标志，表明商品或服务的来源，使相关公众能够区分提供商品或服务的不同市场主体的方式，均为商标的使用方式。对于“使用”的含义，“使用”包括商标权人的自行使用和许可他人使用。

三、在“撤三”制度中如何理解商标使用

我国商标法保护的注册商标可以分为两类：第一类为实质意义上的商标，即在商品或者服务上实际使用的注册商标；第二类为形式意义上的商标，即商标经过核准注册后却未实际使用，他们只有商标之名无商标之实。对于注册商标的使用与“撤三”制度中的商标使用是否为同一概念，学术界存在两种观点：

第一种观点认为，注册商标连续三年不使用撤销制度中的“商标使用”只要形式上符合我国商标法所规定的商标使用的含义即可，而不考量该注册商标是否发挥了识别机能。

第二种观点认为，“撤三”制度中的商标使用必须是发挥商标识别功能的使用，商标的使用在达到让相关公众能够识别商品或者服务来源的程度时，才符合该制度中“商标使用”的要求。如在“康王”商标连续三年不使用撤销案中，法院认定昆明滇虹公司有生产以及委托生产的印有“康王”商标包装盒的行为，但是其未能证明该包装盒已实际投入到市场中使用，因此印制在该包装盒上的注册商标未能建立起需要者与生产者之间的联系，未能实现注册商标的识别机能。

目前持第二种观点的为多数。判断“撤三”制度中商标使用的含义首先要准确理解商标的基本功能和商标法中该项制度的立法目的。从商标的基本功能角度理解，商标是用来“识别和区分”某人商品的标志。某一标志成为商标所应扮演的角色是“用以识别商标来源于某一提供者”以及“用以区分该提供者与其他提供者”。因此，通常情况下商标能否在市场流通中发挥识别功能和区分功能是判断商标使用的基础。但也存在例外，如贴牌加工行为，商品虽直接出口至国外，未进入中国大陆市场流通领域，但其生产行为发生在中国大陆地区，商标在中国已实际投入生产经营中，这种行为实质上是在积极使用商标，而非闲置商标，故从我国的贸易政策出发并结合商标法的立法精神，贴牌加工中的商标使用行为在“撤三”案件中构成商标使用。

1. 商标法意义上的商标使用应具有识别性，应是为了实现商标识别性功能的使用。只有使用商标的商品进入流通领域，商标的识别功能才能发挥。因此，商标使用应当与商品流通相关联。发生在商标两个被许可人之间的买卖行为，应当着重审查该买卖行为涉及的商品是否进入流通市场。虽然不能仅因使用相关商标的商品买卖行为发生在被许可使用人之间而否认商标的识别功能，但该商标是否真正发挥识别作用亦应结合日常生活经验和商业交易惯例加以综合判断。本案中，泽丰公司在与李琛签订的《商标使用许可合同》当日即向夏图公司销售标有诉争商标的商品，在缺乏其他证据予以佐证的情况下，结合日常生活习惯和商业交易惯例，发生在两个被许可人之间的交易行为难以认定该买卖行为的发生是基于商标的识别作用而建立的。因此，仅凭该证据难以认定诉争商标起到了区分商品来源的作用，即不能认定此种使用诉争商标标志的行为构成真实的商业使用。

2. 商标法意义上的商标使用应具有区分性。商标是使用在商品或服务上的标志，无论是注册商标还是未注册商标，其最基本的特征是区分商品或服务的来源，具有区分性。商标区分性用以区分该提供者与其他提供者，即使用诉争商标所指向主体应为该商标的权利人，相关公众能够将商品或服务与诉争商标的权利人建立对应关系，相关公众见到标有诉争商标的商品或服务时能够识别该商品或服务的提供者应为诉争商标的相关权利人。本案中，相关证据足以证明李琛提供的多份标有“奔富”字样的葡萄酒销售发票中所销售的商品应为南社布兰兹公司所提供的商品。因此，本案中同一种商品上同时存在南社布兰兹公司所持有的注册商标和诉争商标，而诉争商标系使用在南社布兰兹公司所提供的葡萄酒商品上，相关公众见到此类商品时会认为该葡萄酒的提供者应为南社布兰兹公司，诉争商标的此种使用行为未起到使相关公众将李琛识别为该葡萄酒提供主体的作用。因此，标有诉争商标的上述商品销售行为不能视为李琛使用诉争商标的行为。

综上，商标权作为一种私权，其凝结着商标权人巨大的商业信誉和财富。在竞争日益激烈的市场环境中，注册商标连续三年不使用撤销制度已经作为一种竞争手段被频繁的使用在商业竞争中。因此，在“撤三”案件中应结合商标的基本功能和商标法中“撤三”制度的立法目的来判断商标使用行为。

（樊雪　作者单位：北京市高级人民法院）

11

商标侵权案件中的驰名商标反淡化保护

——贵阳南明老干妈风味食品有限责任公司诉贵州永红食品有限公司、北京欧尚超市有限公司侵害商标权及不正当竞争纠纷案

【案号】

一审：北京知识产权法院（2016）京 73 民初 108 号

二审：北京市高级人民法院（2017）京民终28号

【裁判要旨】

经营者在其商品包装显著位置上将他人驰名商标作为描述商品特征的名称使用，即使其商品中确有使用驰名商标核定使用商品作为该商品的组成部分，但如果该驰名商标核定使用并未成为行业常用原料、该驰名商标并未成为行业常用商品特征名称表述方式，则经营者对驰名商标的上述使用方式不具备正当性；且该使用行为会弱化该驰名商标告知消费者特定商品来源的能力，从而减弱驰名商标的显著性，构成《商标法》第十三条第三款所指的损害驰名商标注册人正当权益的情形。

【案情介绍】

原告贵阳南明老干妈风味食品有限责任公司（下称贵阳老干妈公司）在第30类豆豉、辣椒酱（调味）、炸辣椒油等商品上注册有第2021191号"老干妈"商标（下称涉案商标）。此外，贵阳老干妈公司还拥有注册号为1381611号的"老干妈及图"商标，该商标文字部分与涉案商标相同，核定使用商品为第30类，豆豉、油辣椒（调味品）、酱辣椒（调味品）、火锅调料（调味品）等商品。涉案商标曾在2011年、2014年、2015年、2016年多次被国家工商行政管理总局商标局（下称商标局）、国家工商行政管理总局商标评审委员会（下称商标评审委员会）和法院认定为驰名商标。

被告贵州永红食品有限公司（下称贵州永红公司）拥有第4686272号、第10781638号、第3550793号、第5853924号的"牛头牌及图"系列注册商标，核定使用商品为第29类牛肉食品。"牛头牌及图"商标曾在2010年被商标局认定为驰名商标。被告北京欧尚超市有限公司（下称北京欧尚公司）销售了贵州永红公司生产的牛肉棒商品（下称涉案商品），该商品包装正面上部标有贵州永红公司所拥有的"牛头牌及图"商标，中部印有"老干妈味"字样；包装背面标有涉案商品品名为"老干妈味牛肉棒”，注明配料有牛肉、豆豉、鱼露等，写明制造商是贵州永红公司。贵州永红公司确认自2014年开始购入贵阳老干妈公司生产的“老干妈”牌豆豉作为调料生产涉案商品，贵州永红公司生产的牛肉棒除了涉案商品中标明的“老干妈味”，还有“原味”、“麻辣”、“香辣”、“黑胡椒”等其他商品。

北京知识产权法院一审认为，根据贵阳老干妈公司在本案中提供的证据，涉案商标应当被认定为驰名商标。贵州永红公司将涉案驰名商标作为自己牛肉棒商品的系列名称，用涉案驰名商标来描述自己的商品，会使消费者误以为涉案商品与贵阳老干妈公司具有某种联系，有可能导致涉案驰名商标的显著性减弱，弱化涉案驰名商标与贵阳老干妈公司的唯一对应关系，甚至会导致其名称通用化，构成对涉案商标的广告性商标使用。贵阳老干妈公司和贵州永红公司不具有市场竞争关系，不能适用《反不正当竞争法》的相关规定，贵州永红公司的涉案行为不构成不正当竞争。据此，判决贵州永红公司立即停止在其生产、销售的牛肉棒商品上使用“老干妈味”字样，北京欧尚公司停止销售上述印有“老干妈味”字样的牛肉棒；贵州永红公司赔偿贵阳老干妈公司经济损失及合理支出共计四十二万六千五百元。

一审宣判后，贵州永红公司不服提出上诉。

北京市高级人民法院二审认为，涉案商标已经在中国境内为相关公众广为知晓，在本案中应当认定构成驰名商标。贵州永红公司将“老干妈”作为涉案商品的口味名称，并标注于涉案商品包装正面，属于对涉案商标的复制、摹仿，其能够起到识别商品来源的作用，属于商标法意义上的使用。虽然涉案商品确实添加有“老干妈”牌豆豉，但“老干妈”牌豆豉并非食品行业的常用原料，“老干妈味”也不是日用食品行业对商品口味的常见表述方式，涉案商品对“老干妈”字样的使用不属于合理使用的范畴。贵州永红公司在涉案商品包装正面使用“老干妈”字样，并将“老干妈味”作为与“原味”、“麻辣”等并列的口味名称的行为，足以使相关公众在看到涉案商品时直接联想到涉案商标，进而破坏该商标与贵阳老干妈公司所生产的豆豉、辣椒酱（调味）、炸辣椒油商品之间的密切联系和对应关系，减弱该商标作为驰名商标的显著性，并不正当利用了驰名商标的市场声誉，构成《商标法》第十三条第三款所指“误导公众，致使该驰名商标注册人的利益可能受到损害的”的情形，属于给他人注册商标专用权造成其他损害的行为。贵州永红公司的相关上诉理由缺乏事实及法律依据，遂判决驳回上诉，维持原判。

【法官评析】

一、驰名商标的按需认定与跨类保护

《最高人民法院关于审理商标民事纠纷案件适用法律若干问题的解释》（下称《商标民事纠纷司法解释》）第一条第（二）项规定，复制、摹仿、翻译他人注册的驰名商标或其主要部分在不相同或者不相类似商品上作为商标使用，误导公众，致使该驰名商标注册人的利益可能受到损害的，属于商标法第五十二条第（五）项规定的给他人注册商标专用权造成其他损害的行为。该条所指“商标法”系 2001 年 10 月 27 日修正的《中华人民共和国商标法》（下称 2001 年商标法），对应于现行商标法的第五十七条第七项。

一般而言，适用该项司法解释应满足如下要件：1. 涉案商标构成注册驰名商标；2. 被控侵权商品复制、摹仿、翻译了涉案驰名商标或其主要部分，并在不相同或者不相类似商品上作为商标使用；3. 被控侵权商品的上述商标使用行为会误导公众，致使涉案驰名商标注册人的利益可能受到损害。

《商标法》第十四条第一款规定：“驰名商标应当根据当事人的请求，作为处理涉及商标案件需要认定的事实进行认定。认定驰名商标应当考虑下列因素：（一）相关公众对该商标的知晓程度；（二）该商标使用的持续时间；（三）该商标的任何宣传工作的持续时间、程度和地理范围；

（四）该商标作为驰名商标受保护的记录；（五）该商标驰名的其他因素。”第三款规定：“在商标民事、行政案件审理过程中，当事人依照本法第十三条规定主张权利的，最高人民法院指定的人民法院根据审理案件的需要，可以对商标驰名情况作出认定。”

《最高人民法院关于审理涉及驰名商标保护的民事纠纷案件应用法律若干问题的解释》（下称《驰名商标司法解释》）第二条第一款规定：“在下列民事纠纷案件中，当事人以商标驰名作为事实根据，人民法院根据案件具体情况，认为确有必要的，对所涉商标是否驰名作出认定：（一）以违反商标法第十三条的规定为由，提起的侵犯商标权诉讼。”第八条规定：“对于在中国境内为社会公众广为知晓的商标，原告已提供其商标驰名的基本证据，或者被告不持异议的，人民法院对该商标驰名的事实予以认定。”

由上述法律、司法解释可知，对于已经注册的商标认定驰名的前提是在不相同或不相类似的商品上需要进行跨类保护。本案中，贵阳老干妈公司主张涉案商标在第30类的豆豉、辣椒酱（调味）、炸辣椒油商品上构成驰名商标，而贵州永红公司生产的涉案商品牛肉棒商品属于第29类，二者在商品原料、功能用途等方面存在一定差异，不属于类似商品。贵阳老干妈公司以贵州永红公司违反商标法第十三条为由，请求认定涉案商标为驰名商标，并给予跨类保护，符合驰名商标司法解释第二条的规定，应予审查认定。

贵阳老干妈公司在本案中提交的销售收入及税收数据统计表、广告宣传费用及纳税情况审计报告、销售合同及发票、相关行业协会及专业调研机构的行业排名证明文件能够证明涉案商标在辣椒酱、豆豉、炸辣椒油等商品上已经进行了长期的使用与广泛的宣传，占据了较大的市场份额，具有较广的销售区域。贵阳老干妈公司提交的涉案商标多次被商标局、商标评审委员会和法院认定为驰名商标的批复、裁定、判决等能够证明该商标曾多次被认定为驰名商标，并受到相应的保护。上述证据足以证明涉案商标已经在中国境内为相关公众广为知晓，在本案中应当认定构成驰名商标。

二、涉案商标的反淡化保护

“商标淡化”是指未经许可在自己的商品上标注他人商标，导致他人商标的独特性或唯一性受到削弱和损害。商标淡化使以前标示唯一或独特来源的标志变为标示两个或更多的来源，增加了消费者的搜寻成本，干扰并削弱了商标的显著性，损害了商标的商业影响力和销售力。

商标淡化的构成要件如下：第一，商标淡化的对象只能是驰名商标，非驰名商标并不能享受反淡化保护；第二，商标淡化本质上针对的是商标指示和区别商品或服务的能力，这种能力，可以理解为是“商品服务提供者”与“商品服务”之间的一种“关联性”的量化；第三，是否存在商标淡化的判定，与当事人之间是否存在竞争关系，是否存在混淆、误解、欺骗的可能均无关系，也就是说，在存在上述情形时，也有可能成立商标淡化。

驰名商标的反淡化保护维护了下列三个层次的利益：一是维护了商标权人的商誉，当商标的商誉积累到驰名商标或著名商标的程度后，就有对其商誉进行特殊保护的基础。二是维护了社会公共利益，包括消费者的信赖利益、搜寻利益等。消费者购买某一商品是基于对该商品所标注的商标具有统一品质的信赖，这种信赖节约了消费者搜寻商品的成本，也避免了因选择其他品牌带来的质量不确定的风险。消费者对商标的一贯信赖所形成的购买秩序累积成社会公共利益。三是国家利益，商标尤其是驰名商标已经成为国际经济实力竞争的符号，被淡化的驰名商标会对该国具有竞争力的商品和产业产生冲击，进而影响国家整体经济利益。

美国1996年出台《联邦商标淡化法》，并于2006年颁布《商标淡化修正法》（Trademark Dilution Revision Act），对商标淡化的定义进行了一定的修正，将商标淡化细分为弱化（Dilution by Blurring）与丑化（Dilution by Tarnishment）两种。弱化是指由一个商标或商号与驰名商标之间的相似性所引起的削弱驰名商标显著性的联系；丑化是指由一个商标或商号与驰名商标之间的相似性所引起的损害驰名商标声誉的联系。该法对证明淡化的证据规定了六项考量因素：商标的相似程度、著名商标的显著性、著名商标排他性使用的程度、消费者对著名商标的认知、他人使用商标权人商标的意图、使用人使用的商标与著名商标的实际联系。

《驰名商标司法解释》第九条第二款规定：“足以使相关公众认为被诉商标与驰名商标具有相当程度的联系，而减弱驰名商标的显著性、贬损驰名商标的市场声誉，或者不正当利用驰名商标的市场声誉的，属于商标法第十三条第二款规定的‘误导公众，致使该驰名商标注册人的利益可能受到损害’。”《驰名商标司法解释》通过司法解释的形式在我国规定了商标淡化问题，该款“减弱驰名商标的显著性、贬损驰名商标的市场声誉，或者不正当利用驰名商标的市场声誉”就是指商标的弱化和丑化。可见，我国商标反淡化保护的对象是在我国注册的驰名商标，而我国并未要求驰名商标必须在全国范围内为消费者广泛知悉，根据《驰名商标司法解释》第一条的规定，只要是“在中国境内为相关公众广为知晓的商标”即构成驰名商标，可以纳入商标反淡化保护的范围之内。

本案中，涉案商品牛肉棒包装的正面上部标有贵州永红公司所拥有的“牛头牌及图”商标，中部印有“老干妈味”字样；包装背面标有涉案商品品名为“老干妈味牛肉棒”，注明制造商是贵州永红公司，地址是贵州省惠水县永红绿色食品工业园。贵州永红公司生产的牛肉棒除“老干妈味”外，还有“原味”、“麻辣”、“香辣”、“黑胡椒”等其他商品。

在涉案商标已在第30类的豆豉、辣椒酱（调味）、炸辣椒油商品上构成驰名商标的情况下，贵州永红公司将“老干妈”作为涉案商品的口味名称，并标注于涉案商品包装正面，属于对涉案商标的复制、摹仿，其能够起到识别商品来源的作用，属于商标法意义上的使用。虽然涉案商品确实添加有“老干妈”牌豆豉，但“老干妈”牌豆豉并非食品行业的常用原料，“老干妈味”也不是日用食品行业对商品口味的常见表述方式，涉案商品对“老干妈”字样的使用不属于合理使用的范畴。

涉案牛肉棒商品与豆豉、辣椒酱（调味）、炸辣椒油商品虽然在商品原料、功能用途等方面存在差异，但二者均属日用食品，在销售渠道和消费群体方面存在一定重合，贵州永红公司在涉案商品包装正面使用“老干妈”字样，并将“老干妈味”作为与“原味”、“麻辣”等并列的口味名称的行为，足以使相关公众在看到涉案商品时直接联想到涉案商标，进而破坏该商标与贵阳老干妈公司所生产的豆豉、辣椒酱（调味）、炸辣椒油商品之间的密切联系和对应关系，减弱该商标作为驰名商标的显著性。贵州永红公司明知涉案商标在豆豉、辣椒酱（调味）、炸辣椒油商品上具有较高知名度，仍然在涉案商品上使用“老干妈味”字样，意图利用该商标的市场声誉吸引相关公众的注意力，从而获取不正当的经济利益。因此，贵州永红公司在涉案商品包装上标注“老干妈味”的行为，削弱了涉案商标与贵阳老干妈公司的唯一对应联系，弱化了该驰名商标告知消费者特定商品来源的能力，从而减弱了驰名商标的显著性，并不正当利用了驰名商标的市场声誉，构成《商标法》第十三条第三款所指“误导公众，致使该驰名商标注册人的利益可能受到损害的”的情形，属于给他人注册商标专用权造成其他损害的行为。综上，二审法院认定贵州永红公司的商标侵权行为成立，判决驳回上诉、维持原判。

（俞裹斌　作者单位：北京市高级人民法院）

12

颜色组合商标的注册审查

——烙克赛克公司诉商标评审委员会商标申请驳回复审行政案

【案号】

一审：北京知识产权法院（2015）京知行初字第1638号

二审：北京市高级人民法院（2016）京行终55号

【裁判要旨】

对于颜色组合商标而言，其专用权所保护的不仅仅特定颜色的组合方式，而且更包括这种颜色组合的具体使用方式。因此，无论是形式审查阶段对商标注册申请文件的审查，还是在实质审查阶段对商标显著特征、近似判断的审查，都应当突出颜色组合商标自身特点，从颜色组合商标的使用说明出发，作出符合全面准确的认定。

【案情介绍】

2012年12月19日，烙克赛克公司向中华人民共和国国家工商行政管理总局商标局（简称商标局）提出第11915217号商标（简称申请商标，见下图）的注册申请，指定使用在第6类“绳索用金属套管、金属套管（金属制品）、金属制管套筒、管道用金属夹、金属分岔管、紧固管道用金属环、缆绳和管道用金属夹、建筑用金属附件”等商品上。商标评审委员会提交的商标档案记载商标类型为“普通”，是否指定颜色为“是”。

申请商标

第5106971号“负正及图”商标（简称引证商标一，见下图）由浙江负正机械有限公司于2006年1月9日提出注册申请，并于2009年5月7日被核准注册，核定使用在第6类“金属管道弯头、金属门装置、紧线夹头”等商品上，专用权期限至2019年5月6日，

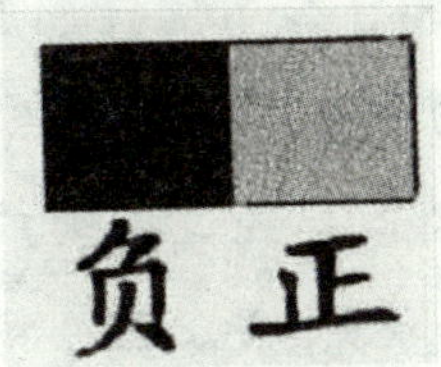

引证商标一

国际注册1077840号商标（简称引证商标二）由SERVIMEX AG于2010年10月12日在瑞士进行了基础注册，并于2011年2月23日在中国获得了领土延伸保护，核定使用在第6类金属包装容器、金属箱等商品上，专用权期限至2021年2月23日。

2014年4月1日，商标局作出发文编号为ZC11915217BH1的《商标驳回通知书》，根据2001年修改的《中华人民共和国商标法》（简称2001年商标法）第二十八条的规定以申请商标与引证商标一、二构成使用在类似商品上的近似商标为由，决定：驳回申请商标的注册申请。

烙克赛克公司不服商标局的上述驳回通知，向商标评审委员会申请复审，主要理由为：申请商标与引证商标一、二区别明显，未构成近似商标，申请商标具有较高独创性和知名度，经宣传使用已与烙克赛克公司建立了唯一关系。请求对申请商标的注册申请予以初步审定。

为证明其主张，烙克赛克提交了如下证据：

1. 申请商标的商标说明；

2. 申请商标在欧盟被核准注册的裁定及翻译件；

3. 颜色组合商标的相关论文打印件；

上述证据用于证明申请商标为颜色组合商标，其与引证商标类型不同，不构成近似商标；

4. 相关声明；

5. GFK公司出具的申请商标市场调研报告；

6. Brand Clinic公司所做的申请商标市场调研报告及问卷；

7. 烙克赛克公司通过电子邮件形式发布的宣传彩页打印件；

8. 洛克赛克公司向客户发放的中秋节、圣诞节贺卡；

9. 烙克赛克公司产品介绍、公司宣传广告及相关报道；

10. 烙克赛克公司参加的展会的介绍及照片；

证据4－10用于证明申请商标经过持续广泛使用，具备了较高的知名度，并形成了相关公众群体，相关公众已经将申请商标与烙克赛克公司建立了唯一对应关系。

2014年11月28日，商标评审委员会作出商评字［2014］第92141号《关于第11915217号图形商标驳回复审决定书》（简称被诉决定）。该决定认为：申请商标由两种不同颜色的方形组合而成。引证商标一的显著识别图形亦为两色方形。两商标图形在表现手法、设计风格、构图特点等方面十分相像，整体视觉印象具有关联性，构成近似商标。两商标在类似商品上共存于市场亦导致相关公众对商品来源产生混淆误认，已构成使用在同一种或类似商品上的近似商标。烙克赛克公司提交的证据不足以证明申请商标经过使用已具有较高知名度，进而产生足以与引证商标相区分的显著性。依照2013年修改的《中华人民共和国商标法》（简称2013年商标法）第三十条和第三十四条的规定，决定：申请商标的注册申请予以驳回。

本案诉讼中，烙克赛克公司补充提交了其在申请商标申请注册时向商标局提交了相关申请材料的复印件，其中商标注册申请书中“商标种类”中，在一般、集体、证明、立体、颜色选项中，烙克赛克公司勾选了“一般”以及“颜色”两项；“商标说明”中载明：本商标为颜色组合商标，由蓝色（国际标准色卡色号：2925）和黑色（国际标准色卡色号：黑色）组合而成。附随该申请书后的“商标说明”记载“本颜色组合商标在实际使用中有一定的图形限制：蓝色和黑色以同心圆的形式使用在指定商品上，黑色圆圈位于中心位置，四周环绕蓝框。”

庭审过程中，烙克赛克公司明确表示其对于申请商标指定使用的商品与引证商标一核定使用的商品构成类似商品不持异议。

北京知识产权法院认为：虽然商标评审委员会提交的商标档案中申请商标类型为“普通”，但烙克赛克公司向商标局提交的申请商标申请注册书中已经声明申请商标为颜色组合商标，并且烙克赛克公司已经按照上述法律要求提交了着色图样、使用方式的说明等材料，因此申请商标属于颜色组合商标。被诉决定关于“申请商标由两种不同颜色的方形组合而成”的认定有误，其并未正确认定申请商标的类型以及颜色组合商标的特殊性。引证商标一为图形商标，其使用方式一般按照申请注册图样的图形以及颜色作为标志使用于指定商品上。颜色组合商标与图形商标在使用方式、保护范围等方面具有较为明显的差异。正是因为上述差异，使得上述两种类型的商标在一般情况下，不易导致相关公众对其产生混淆误认。商标评审委员会将申请商标作为图形商标与引证商标一进行比对，从而得出上述商标“在表现手法、设计风格、构图特点等方面十分相像，构成近似商标”的认定有误。虽然申请商标指定使用的绳索用金属套管等商品与引证商标一核定使用的金属管道弯头等商品或者属于同一种商品，或者构成在功能用途、生产部门、销售渠道、消费群体等方面较为接近的类似商品，但是由于申请商标与引证商标一并未构成近似商标，申请商标与引证商标一并未构成2013 年商标法第三十条所指使用在相同或者类似商品上的近似商标的情形。在此前提下，对于烙克赛克公司提交的有关申请商标使用情况的证据，不再予以审查和评述。综上，依照《中华人民共和国行政诉讼法》第七十条第（一）项、第（二）项之规定，北京知识产权法院判决：一、撤销被诉决定；二、商标评审委员会重新作出决定。

商标评审委员会不服原审判决，向法院提起上诉。北京市高级人民法院经审查，认为原审判决认定事实清楚，法律适用基本正确，审理程序合法，因此，终审判决：驳回上诉，维持原判。

【法官评析】

颜色组合商标属于非传统商标的一种类型。相对于图形、文字等常见商标而言，颜色组合商标的注册申请应当结合其自身特点进行针对性的审查，避免简单套用传统商标的审查方式。

一、颜色组合商标的形式审查

所谓颜色组合商标，是指两种或两种以上的颜色以一定的比例结合在一起，起到区别的作用。这种组合可以同具体的形状结合，也可以使用在任何形状上而不需要限定。[1]

对于图形、文字等传统商标的申请，《商标法实施条例》第十三条第一款规定：“申请商标注册，应当按照公布的商品和服务分类表填报。每一件商标注册申请应当向商标局提交《商标注册申请书》1 份、商标图样 1 份；以颜色组合或者着色图样申请商标注册的，应当提交着色图样，并提交黑白稿 1 份；不指定颜色的，应当提交黑白图样。”但是，对于颜色组合商标的申请，《商标法实施条例》第十三条第四款特别规定：“以颜色组合申请商标注册的，应当在申请书中予以声明，说明商标的使用方式。”

显然，根据颜色组合商标自身的特点，仅仅依靠商标图样是无法准确反映出该商标标志的全貌的，还需要借助文字对颜色组合商标标志的具体表现形式加以限定。相应地，对于颜色组合商标申请的审查，就不能局限于《商标注册申请书》的传统项目，更需要留意其商标说明。应当说，颜色组合商标的“商标说明”是其商标标志构成不可或缺的组成部分。所以，无论是在审查过程中，还是在《商标公告》的公告内容上，都应当突出颜色组合商标的商标说明，否则就是对颜色组合商标标志内容的遗漏。

在本案中，商标评审委员会在审查过程中，仅仅根据商标档案的记载，将本案申请商标作为指定颜色的普通的图形商标加以审查对待，最终导致了审查结论错误。但即使上述错误被法院纠正，商标局《商标公告》上对本案申请商标进行初步审定公告时（见下图），仅仅在该色块下方标注了“指定颜色”字样，但仍然没有记载该商标的商标说明，完全不能满足使相关公众准确知悉该商标标志信息的公示要求，这不能不说是我国商标公告制度的一大缺陷。

---

① 黄晖：《商标法》，法律出版社 2016 年版，第 37 页。

第 11915217 号
申请日期　2012 年 12 月 19 日
商　　标

指定颜色

核定使用商品/服务项目
第 6 类：　绳索用金属套管；金属套筒(金属制品)；金属制管套筒；管道用金属夹；金属分岔管；紧固管道用金属环；缆绳和管道用金属夹；建筑用金属附件
申 请 人　烙克赛克公司
　　　　　ROXTEC AB
地　　址　瑞典卡尔斯克鲁纳，371 23，540 号邮箱
　　　　　BOX 540，371 23 KARLSKRONA，SWEDEN
代理机构　北京市中伦知识产权代理有限公司

第 1571 期《商标公告》截图①

“商标权人以商标注册证书证明自己的权利，公众则通过商标公告知悉商标权的内容及自己的行为边界。”② 由上可知，不仅颜色组合商标的审查重点应当立足于商标说明上，而且我国的商标公告制度也应当作出相应的调整。在《商标公告》已经电子化的今天，商标注册主管机关应当适时调整《商标公告》的具体项目和形式，实现包括颜色组合商标在内的各种非传统商标标志信息的全面准确呈现。

---

① 商标局：《商标公告》第 1571 期，第 30 页。参见商标局官方网站“中国商标网”：http：//sbgg. saic. gov. cn：9080/tmann/annInfoView/annSearch. html？annNum = 1571，2017 年 10 月 13 日，最后访问日期：2017 年 12 月 4 日。

② 郭毅：《司法裁判创新的逻辑基础与规则边界——评首例侵害颜色组合商标注册商标专用权纠纷案》，载《山东审判》2016 年第 4 期，第 68 页。

二、颜色组合商标的显著特征

商标的显著特征，“是指该标志使用在具体的商品或服务时，标注该标志能够让消费者根据其一般或特殊的消费体验认为它应该或者实际指向特定的商品或服务提供人。简言之，即商标可以区分商品来源的特性。”①

在我国，根据《商标法》第八条的规定，单一颜色是不能作为商标注册的。虽然颜色组合商标已经成为《商标法》允许的一种商标标志，但是对于此类商标显著特征的审查判断，除了以相关公众的通常认知水平、结合商品或服务的具体项目从标志整体上加以认定的通常规则外，可能更多地会涉及公共利益的考量。自然界的颜色虽然千变万化，但可供人类利用的颜色的数量却是相对有限的，即使按照不同的方式排列组合会大大增加颜色组合的数量，但真正能够投入实际的商业使用的颜色组合数量可能又是有限的。因此，在颜色组合商标显著特征的审查判断方面，必须充分满足相关公众能够据此识别商品或服务来源的商标识别作用的要求。

实践中，商标局的相关同志即曾撰文指出：“在现实生活中，一般的消费者通常不会把颜色看作商标，因为颜色具有装饰性和广告宣传功能，商品生产者或经营者需要用颜色来装饰和宣传商品。如果将很常见的颜色组合作为商标注册专用，很可能既起不到商标应有的区别商品的不同来源的功能，又会限制其他竞争者在商业活动中对颜色的使用，这无疑是不公平的。”② 正因如此，《商标审查及审理标准》（2016 年）才明确规定：“一般情况下，颜色组合商标需经长期使用才能取得显著特征，商标局可以发出审查意见书，要求申请人提交使用证据，并就商标通过使用获得显著特征进行说明。”③

---

① 黄晖：《商标法》，法律出版社 2016 年第 2 版，第 57 页。

② 曹新伟：《颜色组合商标的申请与审查》，载《中华商标》2006 年第 8 期，第 27 页。

③ 商标局、商标评审委员会：《商标审查及审理标准》（2016），第 119 页。参见商标局官方网站，“中国商标网”：http://sbj.saic.gov.cn/tzgg/201701/P020170605310356070389.pdf，2017 年 1 月 4 日，最后访问日期 2017 年 12 月 5 日。

笔者认为，对于颜色组合商标显著特征的审查从严掌握是合适的。相较于图形、文字等传统商标而言，颜色组合作为商标注册，可能会更多地涉及是否影响市场公平竞争的问题，因此，只有当商标注册申请人已经通过长期使用，在其已与该颜色组合建立起紧密联系，相关公众能够通过该颜色组合识别商品或服务来源的情况下，才能对颜色组合商标予以初步审定公告。

三、颜色组合商标的近似判断

颜色组合商标相同、近似的审查，包括颜色组合商标之间和颜色组合商标与平面商标、立体商标相同、近似的审查。《商标审查及审理标准》(2016 年) 对此作出了列举式的规定：

1. 颜色组合商标之间相同、近似的审查

两商标均为颜色组合商标，当其组合的颜色和排列的方式相同或近似，易使相关公众对商品或者服务的来源产生混淆误认的，判定为相同或者近似商标。

但商标所使用的颜色不同，或者虽然使用的颜色相同或者近似但排列组合方式不同，不会使相关公众对商品或者服务的来源产生混淆误认的除外。

2. 颜色组合商标与平面商标、立体商标相同、近似的审查

颜色组合商标与平面商标的图形或立体商标指定颜色相同或近似，易使相关公众对商品或者服务的来源产生混淆误认的，判定为相同或者近似商标。

虽然使用的颜色相同或近似，但由于整体效果差别较大，不会使相关公众对商品或者服务的来源产生混淆误认的除外。①

但是笔者认为，上述与颜色组合商标有关的商标近似判断方法，仍然着眼于以图形形式表现于《商标注册申请书》中的二维的色块，没有充分

① 商标局、商标评审委员会：《商标审查及审理标准》(2016)，第 120～121 页。参见商标局官方网站“中国商标网”：http：//sbj. saic. gov. cn/tzgg/201701/P020170605310356070389. pdf，2017 年 1 月 4 日，最后访问日期 2017 年 12 月 5 日。

考虑颜色组合商标在实际使用过程中可能会基于其使用方式的要求而呈现三维特征的多种情况，不足以全面准确地对颜色组合商标与平面商标、立体商标进行近似性比对，因而是不全面、不准确的。

商标近似判断的目的，在于对两商标进行混淆可能性的判断，避免相关公众在两个比对的商标之间产生混淆误认。而这种混淆误认判断的对象，必须是在实际的商业活动中可能出现的商标标志呈现形式。所以，不仅仅是在形式审查阶段，要考虑颜色组合商标的使用说明，在近似判断的过程中同样不能不能忽视商标使用方式的限定。因此，颜色组合商标的近似判断，同样需要以其使用说明为出发点，并在此基础上综合考虑传统商标近似判断过程中需要考虑的各项要素，体现出颜色组合商标自身的特点。

总之，对于颜色组合商标而言，获得注册的不仅仅其特定颜色的组合方式，更是这种颜色组合的具体使用方式。如果仅考虑颜色组合方式而忽略了颜色组合的使用方式，无异于买珠还椟，湮没了颜色组合商标所赖以存在的最为本质的属性。这是颜色组合商标审查过程中必须时刻警惕的最大风险。

（周波　作者单位：北京市高级人民法院知识产权庭法官，
北京航空航天大学法学院博士研究生）

13

商标被宣告无效前的使用行为应如何定性

——闽和铝业公司与金凤凰铝业公司等侵害商标权纠纷案

【案号】

一审：福建省福州市中级人民法院（2016）闽01民初528号

二审：福建省高级人民法院（2017）闽民终28号

【裁判要旨】

判断商标使用人在其商标被无效前的使用行为是否构成商标侵权，应当重点审查该商标使用人在注册和使用被诉商标的行为上是否具有主观过错。只有在认定商标使用人在注册或者使用被诉商标上具有主观恶意，才能认定构成商标侵权。

【案情介绍】

原告闽和公司拥有一项在先注册的“闽和”文字及图的图文商标，被告金凤凰公司拥有一项在后注册的“闽禾”及图的图文商标，原被告双方商标的核定使用商品均包括第6类的铝制产品。闽和公司以商标近似为由向国家工商行政管理总局商标评审委员会提起对金凤凰公司商标的无效宣告。商评委经审查裁定对金凤凰公司的商标予以无效宣告。该无效争议又经行政诉讼，法院对商评委所作的宣告无效的裁定予以了维持。之后，闽和公司向法院提起诉讼，主张其商标使用和注册在先，且具有较高知名度，金凤凰公司作为同业经营者，其注册和使用与闽和公司商标近似的标识的行为具有明显恶意，现金凤凰公司的商标已被宣告无效，则其在商标被无效后及无效前的使用行为均构成商标侵权。闽和公司要求金凤凰公司承担停止侵权、赔偿损失的法律责任。

一审法院经审理认为，金凤凰公司在其注册商标被无效后仍然进行使用，该标识与闽和公司的注册商标近似，易造成相关公众的混淆误认，应认定构成商标侵权。至于金凤凰公司在其注册商标被无效前的使用行为，考虑到金凤凰公司在注册及后续使用过程当中主观上均带有明显恶意，亦应认定构成商标侵权。一审法院最终判决金凤凰公司停止侵权，赔偿闽和公司经济损失10万元。

金凤凰公司不服原审判决，提起上诉。福建省高级人民法院经审理后判决驳回上诉，维持原判。

【法官评析】

本案为典型的两个注册商标之间的权利冲突及商标被无效前的使用行为应如何定性的问题。

一、对商标无效前的使用行为存在定性分歧

本案中，对于被告金凤凰公司在其注册商标被无效后的使用行为由于被控标识与原告闽和公司商标存在近似，易造成相关公众的混淆误认，构成商标侵权基本不持异议。但对于金凤凰公司在商标被无效前的使用行为应如何定性，则存在一定的分歧。

其中第一种观点认为，金凤凰公司在其商标被无效前的使用行为并不构成侵权，对商标有效期间的使用行为不应再进行追究。理由是金凤凰公司的“闽禾”商标虽然注册在后，但其获得商标注册是经商标行政部门的核准，在授权程序上是合法的。金凤凰公司对“闽禾”商标的使用系在其商标有效期间，其使用行为具有合法基础。商标法第四十七条第二款规定：宣告注册商标无效的决定或者裁定，对宣告无效前人民法院做出并已执行的商标侵权案件的判决、裁定、调解书和工商行政管理部门做出并已执行的商标侵权案件的处理决定以及已经履行的商标转让或者使用许可合同不具有追溯力。此款规定虽然与本案讨论的情形有所不同，但可以比照适用。所以，金凤凰公司的“闽禾”商标虽然被宣告无效，但不能基于在后的无效而认定之前的使用行为构成侵权。

第二种观点认为，金凤凰公司在其商标被无效前的使用行为构成商标侵权。理由是《商标法》第四十七条第一款规定，依照本法第四十四条、第四十五条的规定宣告无效的注册商标，由商标局予以公告，该注册商标专用权视为自始即不存在。在后商标使用人不侵权主张成立的前提是，其使用行为属于合法使用。而在商标被无效后，应视为自始不存在，合法使用在后商标的法律基础已经丧失，故关于不应当承担侵权责任特别是赔偿责任的主张难以成立。对照本案，金凤凰公司注册的“闽禾”及图的图文商标被无效后则自始无效，其之前对商标的使用亦不具有合法使用的基础。因此，金凤凰公司在与闽和公司注册商标核定使用商品相同的产品上使用近似商标，易造成相关公众混淆误认，其行为构成商标侵权，应承担相应的法律责任。

第三种观点认为，判断金凤凰公司在其商标被无效前的使用行为是否构成商标侵权应当审查金凤凰公司在注册和使用被诉商标的行为上是否具有主观过错。只有在认定金凤凰公司在注册或者使用被诉商标上具有主观恶意才能认定构成商标侵权。

二、注册商标之间的权利冲突及处理原则

两个已经获得核准注册的商标之间发生权利冲突时应当如何解决，最高法院的司法解释对此已经作出明确规定。《最高人民法院关于审理注册商标、企业名称与在先权利冲突的民事纠纷案件若干问题的规定》第一条第二款前段规定：原告以他人使用在核定商品上的注册商标与其在先的注册商标相同或者近似为由提起诉讼的，人民法院应当根据民事诉讼法第一百一十一条第（三）项的规定，告知原告向有关行政主管机关申请解决。本案中，闽和公司和金凤凰公司的商标均获得核准注册，但由于二者核定商品相同，且商标本身构成近似，故存在权利冲突的问题。对此，按照上述司法解释的规定，本案中，如果闽和公司在金凤凰公司的商标仍处于有效状态下直接向法院提起民事侵权诉讼主张金凤凰公司构成商标侵权，则人民法院对此不应予以受理。对这种注册商标之间的权利冲突问题，闽和公司应当通过商标争议的行政处理程序进行解决，即根据商标法第四十五条的规定，请求商标评审委员会宣告乙公司的注册商标无效。在适用上述司法解释的规定时，有几个问题需要注意：一是要准确把握该规定适用的对象和范围。按照该条款的规定，人民法院不予受理的只是两个注册商标之间产生的冲突争议，即被控侵权商标已经核准注册，且被控侵权行为是在核定使用的商品或者服务上使用该核准注册的商标。如果超越授权使用的范围，则不受此限制。二是该条款的规定不适用于尚在注册程序当中的商标的商业使用行为，即当事人虽已提出商标的注册申请，但该商标并未由商标行政主管机关核准注册的，他人对该使用行为可以提起民事诉讼。三是对滥用注册商标行为的处理问题。该条款后段的但书部分规定：原告以他人超出核定商品的范围或者以改变显著特征、拆分、组合等方式使用的注册商标，与其注册商标相同或者近似为由提起诉讼的，人民法院应当受理。这是指对于超出注册商标专用权范围使用的注册商标之间的冲突，人民法院可以作为民事案件予以受理。因为商标专用权范围既是商标注册人行使权利的根据，也是对其进行保护的界限。超出注册商标专用权的范围，本质上是滥用注册商标专用权。滥用注册商标专用权的行为，不再是正当行使专用权的行为，不能成为侵权行为的阻却理由。本案中，闽和公司最终是通过商标行政争议处理程序解决了与金凤凰公司之间存在的两个注册商标之间的权利冲突问题，是符合上述司法解释的规定的。

三、商标被无效前的使用应结合主观过错来判断是否构成侵权

实践中如果一项注册商标因与在先注册商标构成近似而被宣告无效，则该商标就不应当继续使用，否则会构成商标侵权，对此并无争议。但对在后注册商标被宣告无效后，在先商标权利人还能否对在后商标被无效前的使用行为提起商标侵权之诉争议较大。这也就是本文前案所涉及的情形，争议核心在于商标被无效前的使用行为如何定性。

笔者主张，上述不同意见中不管是认为商标有效期间的使用行为因为具有合法基础而不构成侵权的观点，还是认为商标被无效则自始无效，可以按照一般商标侵权的判断逻辑认定构成商标侵权的观点均缺乏法律依据及合理性。如果按照第一种观点的理由，对于那些申请商标注册时带有明显恶意，对在先知名度较高的注册商标进行恶意攀附搭便车的行为则无法规制。特别是商标的无效程序往往要历经行政处理和司法裁判两个阶段，过程较为漫长，如果一概认为有效期间的使用行为均具有合法基础则有可能放纵恶意侵权行为，对在先商标权利人的权益保护是不利的。而第二种观点的问题在于，如果认定商标因被宣告无效则自始无效，有效期间的使用不具有合法基础，一概不考虑注册使用人的主观过错，则会对善意注册人基于对商标行政审核权力的信赖造成打击，也会与正常的商标注册及管理秩序形成冲突。所以，笔者认为商标被无效前的使用行为应当考虑其特殊性，在判断是否构成商标侵权的问题上，要在审查是否具有主观过错的基础上具体情况具体分析，也就是第三种观点的理由。对此，商标法第四十七条第二款的但书部分规定（该部分规定：因商标注册人的恶意给他人造成的损失，应当给予赔偿）也可以说给出了一定的启示和指引。

而分析商标被无效前的使用行为是否具有主观过错，可以对使用人的申请注册阶段和核准注册后的实际使用阶段两个阶段分别进行判断。在申请注册阶段，主要应当结合在先商标的显著性和知名度等因素进行综合判断，以此确定在后的商标注册人是否具有攀附他人商标声誉的主观恶意。这种情况下，法院在审理中可以参考商标评审委员会在无效审查中查明的事实以及对在后注册商标予以宣告无效的核心理由。如果认定在后商标使用人在申请注册时具有明显的主观恶意，则其在商标有效期间的使用行为应当认定缺乏合法基础，可以认定构成商标侵权。还有一种情况是，在后商标注册人虽然在申请商标注册时没有模仿攀附他人商标的主观恶意，但在核准注册后的实际使用过程当中具有过错的，也可以认定构成商标侵权。一般情况下，如果在后商标使用人在申请商标注册时确无恶意，在取得商标注册后，其使用行为也只是基于对商标授权机关的信任，则不宜认定构成侵权。作这样的理解笔者认为是合乎公平正当性的。但如果在后商标使用人在商标有效期间已经知悉在先商标的存在，明知在后商标可能存在权利瑕疵的情况下，仍然继续使用商标，则其主观上难谓善意。如在先商标权利人通过正当途径向在后商标使用人来函交涉或者依法提起商标争议无效宣告程序等。以无效宣告程序的提起为例，因为无效程序一旦启动，在后使用人必然知道其对在后商标的使用已经产生了因不当注册而引发的争议。在该不当注册争议未解决期间，在后使用人应当对于在后商标负有审慎使用的义务，避免在市场环境中产生更大混淆或者误认的范围，减小因其商标权利因不当注册所产生的不确定性可能给在先权利人造成的损害。故在后商标使用人如果在无效程序启动后仍然继续使用商标，可以认定主观存在过错应当承担侵害在先商标权利人注册商标专用权的赔偿责任。当然，对于是否存在主观过错的司法判断应当是在结合客观事实和充分证据的基础上，做到主客观要件相统一。

（欧群山　陈颖　作者单位：福建省高级人民法院
知识产权审判庭、福建警察学院）

14

权利人关联注册商标知名度的认定

——利惠公司诉中山第五街棉业有限公司、中山金三角成衣有限公司侵害商标权纠纷案

【案号】

一审：广东省口中山市中级人民法院（2016）粤20民初2号

二审：广东省高级人民法院（2016）粤民终1537号

【裁判要旨】

商标权人拥有多个注册商标的，其主要商标知名度高不能直接推定其他注册商标亦具有相当的知名度。对被请求保护注册商标知名度的认定，仍需以现有证据和客观事实为基础，根据其使用范围、时间、程度、享有的声誉等情况进行综合判断。

【案情介绍】

利惠公司是根据美国特拉华州法律注册成立的公司，迄今为止已有一百多年历史，是全球著名的牛仔裤生产制造商和服装品牌运营商。利惠公司拥有多个注册商标，其中“LEVI'S”商标在中国享有很高的知名度。利

惠公司在本案主张权利的两个商标为：1. 第2023725号“”商标，核定使用商品为第25类，包括服装、牛仔裤、裤子等，注册有效期自2005年5月14日起至2015年5月13日止，经核准续展注册有效期至2025年5月13日；2. 第75383号“”商标，注册有效期自1976年5月10日起至1986年5月9日止，1993年5月20日，经核准转让注册人为莱威斯特劳斯公司（美国），1999年6月7日变更商标注册人为利惠公司，注册有效期经多次续展至2016年5月9日，续展核准使用商品为第25类。利惠公司主张中山第五街棉业有限公司（以下简称第五街公司）、中山金三角成衣有限公司（以下简称金三角公司）共同侵犯其注册商标专用权，请求判令第五街公司、金三角公司停止侵权、连带赔偿利惠公司经济损失和维权开支600万元。

利惠公司通过取证，在第五街公司在天猫网站开设的“第五街官方旗舰店”、广州市天河路摩登百货商场等处，购买了带有“”“”“”“”等标识的牛仔裤，还在公证保全了www.5thstreet.com.cn的网页内容。第五街公司和金三角公司确认牛仔裤是由金三角公司生产，第五街公司销售。被诉侵权牛仔裤除在后裤袋有被诉侵权标识外，在右后裤袋上方的裤腰处还有显眼的“5th STREET”商标标贴；此外，商标标贴旁的皮带环处还挂有纸质吊牌有3至4个，每一个吊牌上均有“5th STREET”或“”商标标识，其中一个吊牌载明了“总经销、地址、授权公司、产地、服务专线”等信息；两牛仔裤的外包装盒上各面均印有“第五街牛仔裤”字样，外包装盒封口胶带上也印有非常显眼的红色“5th STREET”字样。

利惠公司提供的关于“LEVI'S”品牌知名度的证据显示：利惠公司是1853年创立的美国公司，集牛仔服饰研发、生产、信息、物流、销售为一体，以生产牛仔裤闻名，是全世界最大的服饰公司之一，在全球销售超过35亿条“LEVI'S”品牌牛仔裤，产品销往超过110个国家和地区；20世纪80年代进入中国，在中国开设的专卖店（专柜）有六百多间；2003年在旅游卫视频道作过《品牌故事》专题报道，利惠公司及其关联公司在中国曾多次荣获关于销售额、经济贡献等奖杯、奖状、荣誉证书；《企业管理》《金融经济》《知识经济》《中国服饰报》等多份报纸期刊均有对利惠公司相关品牌的报道。

金三角公司经核准受让第677929号“第五街 5th STREET”商标，核定使用商品为第25类，包括服装、游泳衣、牛仔裤等，该商品注册有效期自1994年2月14日起至2004年2月13日止，经核准续展注册有效期至2024年2月13日。第6256601号“5th STREET”商标的注册人是金三角公司，核定使用商品第25类，包括服装、鞋、帽等，注册有效期自2010年9月7日起至2020年9月6日止。庭审中，双方均确认其销售模式是以专卖店或专柜模式销售牛仔裤，不会与其他品牌混同销售。金三角公司的第677929号“第五街 5th STREET”商标于2006年1月被广东省著名商标认定委员会认定为广东省著名商标，并于2010年11月1日被国家工商行政管理总局商标评审委员会认定为驰名商标。金三角公司及第五街品牌牛仔服装多次被广东省质量协会、广东省用户委员会评为“广东省用户满意企业”和“广东省用户满意产品”，2003年、2006年、2009年，5th STREET 第五街牌牛仔服装均被广东省质量技术监督局授予“广东省名牌产品”。

一审判决驳回了利惠公司的诉讼请求。二审法院认为：《中华人民共和国商标法》第五十七条第（二）项规定，未经商标注册人的许可，在同一种商品上使用与其注册商标近似的商标，或者在类似商品上使用与其注册商标相同或者近似的商标，容易导致混淆的，属侵犯注册商标专用权。本案，被诉标识使用在商品牛仔裤上，与利惠公司主张权利的第2023725号、第75383号注册商标核定使用的第25类牛仔裤等商品类别相同。被诉行为未获得利惠公司许可以及该行为属于商标性使用，双方当事人对此已不持异议，因此本案被诉行为是否侵犯注册商标专用权，关键在于对标识是否近似以及是否容易导致混淆的判断。

第 2023725 号注册商标“”系图形商标，被诉标识为“”“”，就二者图形进行比对，二者虽然都由两组弧线组成，但弧线相交的部位不同，每组弧线弯曲的角度也存在差别，由于注册商标和被诉标识的构图要素简单，以上区别导致整体图形在视觉效果上呈现一定差异。第 75383 号注册商标为“”，被诉标识为“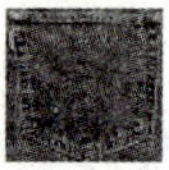”“”，二者均为图形和字母组合标识，其中字母要素部分分别为“LEVI'S”和“5th STREET”，区别明显；图形要素部分注册商标与被诉标识均为五边形，形状和比例基本相同，区别主要在于五边形线条粗细和是否为双线条上，二者整体上亦存在一定差异。应当指出的是，近似性判断中除对标识客观形态的比对外，还应以相关公众的一般注意力为标准，同时考虑请求保护的注册商标的显著性和知名度。从利惠公司提交的证据来看，现有证据虽能证明“LEVI'S”商标享有很高的知名度，但当商标权人拥有多个注册商标时，其主要商标或部分商标知名度高，不能推定其他商标亦具有相当的知名度。对被请求保护的涉案注册商标知名度的认定，仍需以现有证据和客观事实为基础，对其使用范围、时间、程度、享有的声誉等方面进行综合判断。从利惠公司提交的证据来看，“LEVI'S”品牌的牛仔裤商品市场份额大，宣传广，但在用于识别商品来源时主要使用“LEVI'S”商标，鲜见涉案注册商标单独使用。涉案注册商标与“LEVI'S”同时使用的情形，也主要是出现在牛仔裤后裤袋处，在兼具装饰功能的情况下，即便双弧线是“LEVI'S”品牌商品的经典元素，但在发挥识别来源的商标功能时，尚不足以仅此认定其具有很高的知名度。此外，也没有涉案注册商标单独获得商业声誉的证明。综上所述，在缺乏证据足以认定第 2023725 号、第 75383 号注册商标具有很高的知名度和显著性的情况下，以相关公众的一般注意力来判断，被诉标识与注册商标不构成近似。

关于是否容易导致混淆的问题。被诉标识主要使用于牛仔裤后裤袋上，装饰作用和效果较强，更重要的是被诉标识除了本身包含“5th STREET”以外，还与金三角公司、第五街公司的注册商标第677929号“”或第6256601号“”结合使用于商品上，并未单独或突出使用。而第677929号“”曾经被认定为驰名商标，其具有的知名度也导致在同时使用时，金三角公司、第五街公司的注册商标比被诉标识发挥识别来源功能和作用更强。此外被诉商品专卖店、商品吊牌上清晰记载了生产商名称、商标等相关识别信息。从被诉标识使用方式、被诉商品销售场景等方面综合来看，金三角公司、第五街公司也并无故意攀附涉案注册商标商誉的主观意图。据此法院认为被诉行为不会导致相关公众对商品来源产生误认，或误以为经营者之间具有特定联系，不容易导致混淆。

综上，第五街公司、金三角公司使用被诉标识的行为不符《中华人民共和国商标法》第五十七条第（二）项规定的全部侵权要件，不构成对利惠公司涉案注册商标专用权的侵害。

【法官评析】

在现实经济活动中，民商事主体同时拥有多个注册商标是很普遍的现象，而且在其品牌运营中，同类商品上往往会有一个主打品牌。若商标权人就其中一个注册商标享有很高或较高的知名度，但却以另外的注册商标主张权利的，侵权成立标准和构成要件如何？知名度高的注册商标对于权利人的其他关联商标的知名度是否具有辐射或带动作用？

现行商标法及其司法解释中，关于如何判断知名度最直接的规定是，《最高人民法院关于审理涉及驰名商标保护的民事纠纷案件应用法律若干问题的解释》第五条规定，“当事人主张商标驰名的，应当根据案件具体情况，提供下列证据，证明被诉侵犯商标权或者不正当竞争行为发生时，其商标已属驰名：（一）使用该商标的商品的市场份额、销售区域、利税等；（二）该商标的持续使用时间；（三）该商标的宣传或者促销活动的方式、持续时间、程度、资金投入和地域范围；（四）该商标曾被作为驰名商标受保护的记录；（五）该商标享有的市场声誉；（六）证明该商标已属驰名的其他事实。前款所涉及的商标使用的时间、范围、方式等，包括其核准注册前持续使用的情形。对于商标使用时间长短、行业排名、市场调查报告、市场价值评估报告、是否曾被认定为著名商标等证据，人民法院应当结合认定商标驰名的其他证据，客观、全面地进行审查”。虽然前述条文规定的是“驰名”的判断标准，但对如何进行商标知名度判断具有很好的指导作用。从现行规定中，无法找到关于商标权人拥有的多个商标，其商标知名度可以相互影响的规定，商标的知名度仍需回归商标自身的使用情况进行判断。也就是说，商标权人拥有多个注册商标的，其主要商标知名度高不能直接推定其他注册商标亦具有相当的知名度，对被请求保护注册商标知名度的认定，仍需以现有证据和客观事实为基础，根据被请求保护的注册商标的使用范围、时间、程度、享有的声誉等情况进行综合判断。

《中华人民共和国商标法》第五十七条第（二）项规定，未经商标注册人的许可，在同一种商品上使用与其注册商标近似的商标，或者在类似商品上使用与其注册商标相同或者近似的商标，容易导致混淆的，属侵犯注册商标专用权。据此，符合本条法律规定的商标侵权要件包括以下几方面：1. 被诉行为属于商标的使用行为；2. 在相同类别商品上使用与注册商标近似的标识，或在类似商品上使用与注册商标相同或近似的标识；3. 容易导致混淆，即足以使相关公众对商品来源产生误认，或足以使相关公众认为使用被诉标识的经营者与商标注册人之间具有许可使用、关联企业关系等特定联系；4. 上述使用行为未经商标注册人许可。近似性判断中，除对标识客观形态的比对外，还应以相关公众的一般注意力为标准，同时考虑请求保护的注册商标的知名度。

本案从利惠公司提交的证据来看，“LEVI'S”品牌的牛仔裤商品市场份额大，宣传广，但在用于识别商品来源时主要使用“LEVI'S”商标，鲜见被请求保护注册商标单独使用。被请求保护注册商标与“LEVI'S”同时使用的情形，也主要是出现在牛仔裤后裤袋处，在兼具装饰功能的情况下，即便双弧线是“LEVI'S”品牌商品的经典元素，但在发挥识别来源的商标功能时，尚不足以仅此认定其具有很高的知名度。此外，也没有涉案注册商标单独获得商业声誉的证明。在缺乏证据足以认定第2023725号、第75383号注册商标具有很高的知名度和显著性的情况下，以相关公众的一般注意力来判断，被诉标识与注册商标不构成近似。

（郑颖　作者单位：广东省高级人民法院知识产权庭法官）

15

体育赛事冠名与商标性使用的界定

——评中国平安保险（集团）股份有限公司、中超联赛有限责任公司与深圳市引领平安文化传媒有限公司侵害商标权纠纷案

【案号】

一审：深圳市福田区人民法院（2015）深福法知民初字第142号

二审：深圳市中级人民法院（2016）粤03民终15570号

【裁判要旨】

判断是否构成侵害商标权行为，不但要看被诉标识与注册商标是否相同或近似，还必须考虑被诉标识是否在与注册商标相同或近似类别作商标法意义上的使用以及被诉行为人有无使用该标识的正当理由。

【案情介绍】

第1302444号“平安”和第1302445号“Ⓐ平安”商标系由深圳足

球俱乐部于1998年申请注册，经核准有效期限从2009年8月7日至2019年8月6日，商标核定服务类别为第41类的组织体育活动竞赛、俱乐部服务（娱乐或教育）。

深圳市引领平安文化传媒有限公司（以下称引领公司）于2005年6月注册成立，原名为深圳市新泰顺投资咨询有限公司，2015年5月更为现名，2009年9月，经核准受让取得第1302444号、第1302445号注册商标专用权。

中国平安保险（集团）股份有限公司（以下称平安保险公司）成立于1988年3月，是一家以经营保险业务为主、融证券、信托、投资为一体的全国性金融保险集团。原名“中国平安保险公司”，1997年1月改名为“中国平安保险股份有限公司”，2003年1月改为现名。自1999年以来，平安保险公司获准注册多个“平安”、“中国平安”商标。其中，Ⓐ平安、**平安**、**PINGAN**被认定在2011年之前在第36类“保险、银行、资本投资”等服务上属于驰名商标。多年以来，平安保险公司荣获“中国25家最受尊敬上市公司”、“2008中国最具生命力百强企业第一名”、“2009年度中国最佳企业公民大奖”、“二零零九最具责任感企业”、“2009中国十大最佳保险公司”、“中国品牌价值冠军”、“中国品牌百强榜共和国60年最具影响力品牌60强”、“2009年度‘中国最具和谐竞争力的上市公司’”等荣誉称号。

2006年3月、2013年3月，中国足球协会两次出具《中国足球协会授权书》，授权中超联赛公司代理开发经营中超联赛冠名权、赛场广告权等。

2014年2月，平安保险公司与中超联赛公司签订《协议》，支付宣传推广费6亿元获得2014年至2017年中超联赛冠名权益。

2015年7月间，中超联赛官方网站首页标注为“中国平安中超联赛官方网站”，该网站赞助商页面有“中国平安 PINGAN”字样。在2014年至2015年的相关中超联赛球票上印有“2014中国平安中国足球协会超级联赛”和

“中国平安 PINGAN”等字样和图形。在相关比赛替补席雨棚、比赛时间栏、队员队服、场外围栏及地面、比赛看台观众席、伤停补时牌等均显示有“中国平安”或印有“中国平安”字样。

引领公司因此提出商标侵权指控，请求判令平安保险公司立即停止对中超联赛公司组织的“中国足球协会超级联赛”的冠名，平安保险公司、中超联赛公司停止在“中国足球协会超级联赛”所有宣传资料中使用“平安”字样。

深圳市福田区人民法院一审认为，平安保险公司、中超联赛公司在体育赛事名称中使用“平安”二字，是将其作为指示赞助商名称进行的使用，不是从识别商品或服务来源的意义上使用“平安”二字，相关公众不会因该体育赛事名称中有“平安”二字，就认为这是对引领公司“平安”和“Ⓐ平安”注册商标的使用，故平安保险公司、中超联赛公司的行为不构成商标侵权，驳回引领公司的诉讼请求。

宣判后，引领公司不服提出上诉。

深圳市中级人民法院认为，首先，中超联赛作为中国足球的顶级赛事，其主办、组织和管理单位只能是中国足协和其授权的单位。平安保险公司作为中超联赛冠名商，获得的是与中超联赛有关企业品牌和产品市场推广的权利和机会，但平安保险公司并未参与中超联赛赛事的任何组织和办赛活动。平安保险公司的行为不属于在第41类“组织体育活动竞赛”将“平安”文字作商标法意义上的使用。其次，“平安”是平安保险公司的字号，也是其商标的核心部分，中超联赛比赛中出现“中国平安”字样，均系平安保险公司对其字号、简称的正当使用。第三，引领公司没有对其请求保护商标长期、持续使用和宣传，也未能建立该两个商标与上诉人之间的牢固的联系，没有人会因为被上诉人在中超联赛赛事名称以及相关网站、球票、比赛活动中使用“中国平安”、中国平安 PINGAN，会误认为该“中国平安”、中国平安 PINGAN是指向引领公司，或与引领公司有何关联，被上诉人对“中国平安”文字的使用的行为不会导致相关公众的混淆与误认。引领公司上诉理由不成立，驳回上诉，维持原判。

【法官评析】

本案涉及何为商标法意义上的使用以及如何准确判断商标侵权。

一、关于商标性使用

《中华人民共和国商标法》第四十八条规定，本法所称商标的使用，是指将商标用于商品、商品包装或者容器以及商品交易文书上，或者将商标用于广告宣传、展览以及其他商业活动中，用于识别商品来源的行为。第1302444号“平安”和第1302445号“Ⓐ平安”商标核定服务类别为第41类“组织体育活动竞赛、俱乐部服务（娱乐或教育）”。在第41类“组织体育活动竞赛”使用商标，通常情况下是体育活动竞赛的组织者，为突出其组织者的主体地位与形象，在其所组织的体育活动竞赛中使用或宣传其商标，方便他人识别体育活动竞赛的组织者，以树立该企业的良好形象及商标、品牌的美誉度。比如，中国足球协会使用“ CSL”标识以表明其系相关赛事中超联赛（Chinese Super League）组织者。因此，本案引领公司指控商标侵权是否成立，关键在于平安保险公司、中超联赛公司是否在组织体育活动竞赛使用“平安”字样与标识。笔者认为，结论是否定的，其理由为：第一，根据《国际足联章程》、《中国足球协会章程》和《2015年中国足球协会超级联赛规程》，中超联赛的主办方为中国足球协会，中超联赛公司被授权全面负责赛事组织、品牌建设和市场经营等活动。也就是说按照现有规定，除中国足协与中超联赛公司，其他主体不可能成为中超联赛的主办者。第二，诸如中超联赛等大型体育赛事的组织通常包括赛事组织、品牌建设、版权销售、商务运作及市场经营等要素与赛前、赛中、赛后等环节。仅从组织机构来说，中超联赛设职业联赛理事会，下设裁判、纪律、仲裁、安保委员会，并设立赛事部、资格部、技术部、裁判部、安保部、新闻部、财务部、商务部等多个工作机构。赛事组织包括赛事安排、竞赛规则的确定、报名与资格审查、裁判仲裁等，而赛事安排又包括赛区划分、比赛场地的选用以及安保、交通管制具体策划、安排等。本案中超联赛的上述活动显然是由中国足协及其委托的中超联赛公司组织、协调、安排、管理。平安保险公司作为中超联赛冠名商，获得的仅仅是与中超联赛有关的企业品牌和产品市场推广的权利和机会，平安保险公司没有组织或参与组织中超联赛，也就谈不上在第41类“组织体育活动竞赛”将“平安”文字作商标法意义上的使用。

二、平安保险公司使用“平安”文字是否具有正当性

冠名是一种特殊的广告形式，冠名一般是指企业为了达到提升企业、产品、品牌知名度和影响力而采取的一种阶段性宣传策略。平安保险公司取得2014年至2017年期间中超联赛冠名权益，平安保险公司有权利用冠名、场地、媒体等多种形式对自身产品和服务（保险、银行和投资）进行广告宣传以及市场推广。需要注意的是，平安保险公司成立于1988年，“平安”是平安保险公司的字号，平安、中国平安、平安保险一直都是平安保险公司的简称。平安保险公司注册了“平安”、“PINGAN”、“中国平安”等一系列商标，其中多个商标被认定为著名商标或驰名商标。平安保险公司在中超联赛中使用其字号、简称，塑造企业形象，宣传其品牌，系实现其中超联赛冠名权益的正当行为，无可厚非。

三、关于平安保险公司使用“中国平安”文字是否会导致相关公众的混淆与误认

注册商标的专用权，以核准注册的商标和核定使用的商品为限，对于商标保护的力度及边界，必须考虑该商标的显著性与知名度。本案中，上诉人的商标使用极少，更谈不上有何知名度、美誉度，对上诉人商标的保护应与其显著性相匹配。而商标法所称相关公众，是指与商标所标识的某类商品或者服务有关的消费者和与前述商品或者服务的营销有密切关系的其他经营者，而非泛指一般群体。体育活动竞赛的相关公众指喜爱体育活动，并对体育活动常识有一定了解的群体。中超联赛的相关公众多数都知道，中超联赛由中国足球协会组织和主办，中超联赛公司受托负责中超联赛的组织、宣传以及相关商务活动的具体运作，赛事名称以及比赛过程中出现的“中国平安”，仅仅因为平安保险公司是中超联赛的冠名赞助商。被上诉人对“中国平安”文字的使用的行为不会导致相关公众联想到引领公司，混淆与误认其关系。

综合以上，引领公司虽系第1302444“平安”文字商标和1302445“平安”文字图形组合商标商标权人，但平安保险公司并未在两商标核定服务类别使用“中国平安”文字，而是对自身字号、品牌正当宣传、使用，且根本不会导致相关公众的混淆与误认，不构成侵权。

（陈文全　作者单位：深圳市中级人民法院知识产权庭）

16

出口标注注册商标商品的行为定性

——施凌俊诉深圳市奥盟思科技有限公司侵害注册商标专用权案

【案号】

一审：广东省深圳市南山区人民法院（2015）深南法知民初字第1494号

二审：广东省深圳市中级人民法院（2016）粤03民终3707号

【裁判要旨】

出口商品与注册商标核定使用的商品类别相同或相近似，同时，出口商品上标注的标识与注册商标相同或相近似，此时，因出口商品全部销往国外，加之商标权具有地域性，相关公众在国内市场上无法接触或看到这些商品，意即不会对商品的来源产生混淆，因此，出口标注注册商标商品的行为，不构成商标侵权。

【案情介绍】

2013 年 7 月 21 日，原告施凌俊经国家商标局核准取得核定使用在第 9 类电焊设备等商品上的“ALLMAX”注册商标专用权，注册有效期自 2010 年 8 月 28 日至 2020 年 8 月 27 日。

原告为证明其“ALLMAX”注册商标近三年的实际使用情况，向法院提交了以下两份证据：1. 原告与深圳市傲胜焊接设备有限公司于 2015 年 5 月 20 日签订的《商标许可使用合同》，显示，原告将“ALLMAX”注册商标许可给深圳市傲胜焊接设备有限公司使用，每年的许可使用费为 20 万元。2. 深圳市傲胜焊接设备有限公司与深圳市迪杉电力有限公司分别于 2015 年 9 月 28 日、2015 年 11 月 15 日签订的《购销合同》及相应送货单两张，欲证明前一公司向后一公司共出售了“ALLMAX”品牌电焊机 20 台。

2009 年 12 月 15 日，被告深圳市奥盟思科技有限公司在深圳成立，该公司在性质上为一人独资公司，投资人为刘雁淦，同时，刘雁淦亦是该公司的法定代表人。被告主要从事电焊设备等商品的代加工出口行为。“www. allmaxgroup. com. cn”网站是被告的官网。被告的法定代表人刘雁淦于 2007 年 1 月 25 日在香港特别行政区成立了一人独资企业“奥盟实业（香港）有限公司”，该公司的英文名称为 Allmax Industry（HK）Limited。

2015 年 6 月 29 日，原告通过时间戳电子证据固化的方式，对被告官网上的浏览页面进行取证，即通过在“Google”搜索页面的地址栏中输入 www. allmaxgroup. com. cn，进入到被告的全英文网站，发现在该网站上有 8 个系列的逆变焊机产品的图文介绍，上述产品的机身上均标有“ALLMAX”标识。原、被告双方均认可，被告生产的上述标有“ALLMAX”标识的产品均未在国内销售，全部销往中国大陆以外的国家或地区。

基于上述事实，原告认为被告的行为侵害了其注册商标专用权，请求法院判令被告：立即停止侵害原告“ALLMAX”注册商标专用权的行为，赔偿原告经济损失10万元，承担本案的诉讼费。

针对原告的侵权指控，被告抗辩称，原告提供的证据不能证明其对“ALLMAX”注册商标有实际使用的行为，而是为获得赔偿目的伪造的证据。被告对“ALLMAX”标识享有在先权利，因为被告的关联企业奥盟实业（香港）有限公司自2007年成立，即开始在电焊设备等商品上使用其英文名称“ALLMAX”作为商标使用，并在阿里巴巴等网站平台上推广，但该商标被原告恶意抢注。被告的电焊设备等商品全部销往国外，被告主要从事代加工行为，其出口商品上贴的基本都是外国客户自己的品牌。综上，被告的行为不构成商标侵权，请求驳回原告的诉讼请求。

【法院裁判】

广东省深圳市南山区人民法院一审认为，原告核定使用在电焊设备等商品上的“ALLMAX”注册商标合法有效，其注册商标专用权受法律保护。被告未经许可在逆变焊机产品上标注“ALLMAX”标识的行为，属于在同一种商品上使用与原告注册商标相同的商标，侵害了原告的“ALLMAX”注册商标专用权，原告要求被告立即停止侵权，法院予以支持。因被告标注“ALLMAX”标识的产品全部销往国外，对原告在我国境内的“ALLMAX”商标权造成的损害范围之影响极其有限，且原告的“ALLMAX”商标与被告关联公司的英文企业名称亦有一定联系，因此，被告侵权的主观恶性较小。综合考虑涉案注册商标的知名度、被告侵权行为的性质、范围及原告的必要维权费用等因素，酌定被告赔偿原告经济损失2万元。

一审宣判后，深圳市奥盟思科技有限公司不服，提出上诉。

广东省深圳市中级人民法院二审认为，深圳市奥盟思科技有限公司制造的标注有“ALLMAX”标识的电焊设备等商品，全部销往国外，不在中国大陆地区销售，该行为不会导致中国大陆地区的相关公众对深圳市奥盟思科技有限公司出口到国外的“ALLMAX”电焊设备等商品，与施凌俊在中国大陆提供的“ALLMAX”电焊设备等商品之来源产生混淆或误认。故深圳市奥盟思科技有限公司出口的标注有“ALLMAX”电焊设备等商品的行为，没有侵犯施凌俊的注册商标专用权。

深圳市奥盟思科技有限公司在其公司的英文网站上宣传标注有“ALLMAX”标识的商品，其目的是将标识有“ALLMAX”电焊设备等商品提供给中国大陆以外的相关公众进行浏览访问，由于深圳市奥盟思科技有限公司的上述产品全部销往国外，故该行为不会导致相关公众对深圳市奥盟思科技有限公司宣传的商品，与施凌俊在中国大陆提供的“ALLMAX”电焊设备等商品之来源产生混淆或误认。因此，上述宣传行为亦没有侵犯施凌俊的注册商标专用权。一审判决认定事实不清，适用法律错误，二审判决：撤销一审判决，改判驳回施凌俊的诉讼请求。

【法官评析】

自改革开放以来，出口型经济一直对我国经济社会的发展起着举足轻重的作用。随着我国出口贸易的迅猛发展，涉及新类型的知识产权保护问题亦不断涌现，本案所涉及的因出口标注注册商标的商品而引发的商标侵权纠纷，即是典型例证。从本案一、二审不同裁判观点来看，对该问题的处理还存在着争议，因此，着实有必要对该问题进行研讨，

一、出口标注注册商标商品的行为不属于商标性使用行为

众所周知，商标是用来识别区分商品或服务来源的标记，其最基本的功能是识别区分的功能。根据商标制度的本质特征，要判定某行为是否构成商标侵权，必须要以认定该行为构成商标性使用为前提。如果被控行为

不被认定为商标性使用行为，则该行为不可能构成商标侵权。

所谓商标性使用是指将商业标识用于商业活动中，并对相关公众起到识别区分商品或服务的来源作用。根据该定义，商标性使用应满足三个条件：1. 必须将商业标识用于商业活动中；2. 使用的目的是为了识别区分商品或服务的来源；3. 通过使用能够使相关公众区分商品或服务的来源。当满足这三个条件，就构成商标性使用。

就本案来说，被告的关联企业奥盟实业（香港）有限公司于2007年成立，该公司的英文名称为Allmax Industry（HK）Limited，“Allmax”是其英文名称的关键单词，该公司在原告“Allmax”注册商标申请日之前，就开始在中国大陆地区在电焊设备等商品上使用“ALLMAX”标识，并在阿里巴巴等网站平台上推广。而原告在这之后将“Allmax”注册为商标；同时，从原告提交的证明其“ALLMAX”注册商标近三年投入使用的证据来看，并不足以证明该商标存在着实际使用的事实，这些情况说明原告存在恶意抢注“Allmax”商标之嫌。

本案有一个重要的事实：原、被告双方均认可，被告生产的标有“ALLMAX”标识的产品均未在国内销售，全部销往中国大陆以外的国家或地区。由于商标权具有地域性，被告将标有“ALLMAX”的商品出口中国大陆以外的国家或地区后，对中国的相关公众来说，其根本无法在市场上看到这些商品，由于被告的行为不满足上述构成商标性使用的第三个条件，故该行为不属于商标性使用行为。如此一来，被告的行为不应被认定属于商标侵权行为。

二、出口标注注册商标商品的行为不可能导致消费者对商品的来源产生混淆

基于维护商标识别区分功能的需要，传统商标法是以制止混淆规则来搭建的，换句话说，判定商标侵权的标准为混淆的标准，当被控侵权行为不构成商标混淆时，该行为即不属于商标侵权行为。

商标法上的混淆通常包括直接混淆和间接混淆两类。直接混淆又称商品来源混淆，是指由于在后商标的使用，使得具有一般谨慎程度的相关公众，极有可能误认为其所附着的商品或服务来源于在先商标权人。间接混淆又称关联关系混淆，是指消费者不会对在后使用商标与在先商标所标识的商品或服务之来源产生混淆，但可能误认为在后商标与在先商标的经营者之间存在某种经营上的联系，比如存在联营、赞助或许可等关系。

就本案来说，因被告生产的标有“ALLMAX”标识的产品，全部销往中国大陆以外的国家或地区，相关公众不可能接触或购买到这些商品，亦即不会对二者商品之来源产生混淆或误认，故被告的行为不构成商标侵权。

值得注意的是，被告在其英文网站上为其8个系列的逆变焊机产品做广告宣传时，上述产品的机身上均标有“ALLMAX”标识，那被告的该广告宣传行为构成商标侵权吗？由于被告在经营模式上表现为出口型企业，其开设英文网站的目的，是让中国大陆以外国家或地区的相关公众浏览其网页，从而与其进行交易。由于被告的产品全部出口，故该行为亦不可能导致对出口商品与非出口商品之来源产生混淆或误认，鉴于此，被告的上述广告宣传行为亦没有侵犯原告的商标权。

（祝建军　作者单位：广东省深圳市中级人民法院）

17

未注册驰名商标的司法判定

——商务印书馆有限公司诉华语教学出版社有限责任公司侵害商标权及不正当竞争纠纷案

【案号】

一审：北京知识产权法院（2016）京73民初277号

【裁判要旨】

显著识别性是商标的基本特征，是一个标志可以作为商标的基本属性。只有具有显著特征的标识才能发挥区别商品来源的作用，进而可以作为商标注册或保护。未注册驰名商标的判定亦应首先对商标的显著特征进行判断，此外，是否可以认定为未注册驰名商标还应结合案件具体使用证据，客观、全面地进行审查。

【案情介绍】

《新华字典》是新中国第一部现代汉语字典，也是新中国第一部以白话释义和举例的普及性小型汉语工具书。《新华字典》最初由中央人民政府出版总署副署长叶圣陶牵头，具体由出版总署编审局下属的“新华辞书社”负责编纂，并由人民教育出版社于1953年、1954年出版了两版。随后，由于全国出版社分工调整，根据国家安排，《新华字典》转由商务印书馆负责出版和经营。1957年6月，商务印书馆出版了其第1版《新华字典》（即“商务新1版”）。自此，《新华字典》开始由商务印书馆连续出版至今，已连续出版通行版本至第11版。截至起诉前，《新华字典》的全球发行量超过5.67亿册。另外，根据权威第三方监测，2010~2015年，《新华字典》在字典类图书市场的平均占有率超过百分之五十。近六十年来，商务印书馆始终悉心培育和经营“新华字典”品牌，并通过捐书助学、设立“新华字典奖学金”等诸多形式进行品牌推广；经过长期的努力和投入，“新华字典”已被打造为辞书领域的精品品牌，积累了良好的品牌美誉度和知名度，获得了诸多认可和奖励。近期，商务印书馆发现华语出版社擅自生产和销售打着“新华字典”名义的辞书。

商务印书馆认为“新华字典”属于未注册驰名商标，华语出版社擅自生产和销售带有“新华字典”字样的辞书已经在市场上造成了相关公众的混淆，该行为应构成对未注册驰名商标的侵害。华语出版社辩称“新华字典”已成为辞书通用名称，商务印书馆无权禁止他人正当使用。同时认为“新华字典”如果被认定为未注册驰名商标将会打乱现有辞书市场及行政管理秩序，影响竞争，最终将导致商务印书馆垄断辞书类市场。

一审法院北京知识产权法院经审理认为，新华字典具有特定的历史起源、发展过程和长期唯一的提供主体以及客观的市场格局，保持着产品和品牌混合属性的商品名称，已经在相关消费者中形成了稳定的认知联系，具有指示商品来源的意义和作用，具备商标的显著特征。从相关公众对涉案“新华字典”的知晓程度来看，“新华字典”已经在全国范围内被相关公众广为知晓。从商务印书馆使用“新华字典”持续的时间和销售数量来看，“新华字典”近60年间已经在全国范围内销售数亿册，销售量巨大，销售范围非常广泛。从商务印书馆对“新华字典”进行宣传所持续的时间、程度和地理范围来看，“新华字典”已经获得较大的影响力和较高的知名度。从“新华字典”受保护的记录来看，“新华字典”已经多次受到保护。综合以上因素，可以认定“新华字典”构成未注册驰名商标。依据《中华人民共和国侵权责任法》第十五条，《中华人民共和国商标法》第十三条、第十四条，《中华人民共和国反不正当竞争法》第五条第（二）项、第二十条第一款，《最高人民法院关于审理商标民事纠纷案件适用法律若干问题的解释》第二条、第十四条，《最高人民法院关于审理涉及驰名商标保护的民事纠纷案件应用法律若干问题的解释》第九条、第十二条等，判决华语教学出版社立即停止使用商务印书馆的“新华字典”未注册驰名商标的行为及不正当竞争行为，在《中国新闻出版广电报》等相关媒体上刊登声明，消除影响并赔偿经济损失三百万元及合理费用二十七万七千九百八十九元二角。

本案一审判决后双方当事人均未上诉，一审生效。

【法官评析】

本案是涉及未注册驰名商标保护的典型案例，兼具事实认定、法律适用及利益平衡的多重难题。本案明确对“新华字典”这类兼具产品和品牌混合属性的商品名称是否具备商标显著特征的裁判标准。并从相关公众对“新华字典”的知晓程度、“新华字典”的使用持续时间、销售数量、宣传范围及受保护记录等多方面因素，认定“新华字典”构成未注册驰名商标。同时，在给予“新华字典”未注册驰名商标保护的同时，注重平衡其与出版行业正常的经营管理秩序、促进文化知识的正确传播的关系。此外，本案对于侵害未注册驰名商标的行为作出了损害赔偿的责任承担方式判定，突破了《商标法》对于注册商标给予赔偿的责任认定，在加大知识产权保护的新时代具有重要的法律意义。

一、关于“新华字典”是否具备商标的显著特征问题

显著识别性是商标的基本特征，是一个标志可以作为商标的基本属性。只有具有显著特征的标识才能发挥区别商品来源的作用，进而可以作为商标注册或保护。

本案中，“新华字典”具有特定的历史起源、发展过程和长期唯一的提供主体以及客观的市场格局，保持着产品和品牌混合属性的商品名称，已经在相关消费者中形成了稳定的认知联系，具有指示商品来源的意义和作用，具备商标的显著特征。本案遵循在先案例再审申请人佛山市合记饼业有限公司与再审申请人珠海香记食品有限公司侵犯注册商标专用权纠纷案（（2011）民提字第55号民事判决书）中确定的“在涉案图书已经具有较高知名度的情况下，其名称已经具有了区别商品来源的作用，构成知名商品的特有名称”及再审申请人华文出版社有限公司与被申请人吉林文史出版社及一审被告长春联合图书城有限公司侵害著作权及不正当竞争纠纷案（（2013）民申字第371号民事裁定书）中确立的“由于特定的历史起源、发展过程和长期唯一的提供主体以及客观的市场格局，保持着产品和品牌混合属性的商品名称，仍具有指示商品来源的意义，不能认定为通用名称”的裁判标准，最终认定“新华字典”具有商标的显著特征，能够发挥商品来源的识别作用。

二、关于“新华字典”是否构成未注册驰名商标的问题

从相关公众对涉案“新华字典”的知晓程度来看，“新华字典”已经在全国范围内被相关公众广为知晓。从商务印书馆使用“新华字典”持续的时间和销售数量来看，“新华字典”近60年间已经在全国范围内销售数亿册，销售量巨大，销售范围非常广泛。从商务印书馆对“新华字典”进行宣传所持续的时间、程度和地理范围来看，“新华字典”已经获得较大的影响力和较高的知名度。从“新华字典”受保护的记录来看，“新华字典”已经多次受到保护。综合以上因素，可以认定“新华字典”构成未注册驰名商标。

三、关于“新华字典”作为商务印书馆的未注册驰名商标给予保护是否会破坏出版行业正常的经营管理秩序，损害知识的传播问题

《商标法》保护的商标权本身即为对商标独占使用的权利，这种独占使用针对的是商标本身，而非商标所附着的商品。故，即便给予商务印书馆“新华字典”未注册驰名商标的保护，给予的仅为独占使用“新华字典”商标的权利而非出版相关辞书的专有权，不会因此直接造成辞书行业所谓的垄断，更不会因此破坏辞书市场正常的经营管理秩序。“新华字典”作为商标，其商誉亦与其内容紧密相连，商务印书馆作为“新华字典”未注册商标持有人不仅享有权利，更承担了《商标法》意义上商标持有人对其提供商品质量的保障义务及与其驰名商标美誉度相称的传播正确汉语言文字知识的社会责任。将“新华字典”作为商务印书馆的未注册驰名商标给予保护，不仅是对于之前商务印书馆在经营“新华字典”辞书商品中所产生的商誉给予保护，更是通过商标授予的方式使其承担法定义务和社会责任。因此，“新华字典”作为未注册驰名商标给予保护不会破坏出版行业正常的经营管理秩序，损害知识的传播。

四、华语出版社是否复制、摹仿商务印书馆的未注册驰名商标“新华字典”，容易导致混淆，构成商标侵权

《商标法》第十三条第二款规定，就相同或者类似商品申请注册的商标是复制、摹仿或者翻译他人未在中国注册的驰名商标，容易导致混淆的，不予注册并禁止使用。《最高人民法院关于审理商标民事纠纷案件适用法律若干问题的解释》（法释［2002］32号自2002年10月16日起施行，该司法解释针对的《商标法》为2001年商标法）第二条规定，依照商标法第十三条第一款（2001年商标法第十三条第一款对应2014年商标法第十三条第二款）的规定，复制、摹仿、翻译他人未在中国注册的驰名商标或者主要部分，在相同或者类似商品上作为商标使用，容易导致混淆的，应当承担停止侵害的民事法律责任。《最高人民法院关于审理涉及驰名商标保护的民事纠纷案件应用法律若干问题的解释》第九条规定，足以使相关公众对使用驰名商标和被诉商标的商品来源产生误认，或者足以使相关公众认为使用驰名商标和被诉商标的经营者之间具有许可使用、关联企业关系等特定联系的，属于《商标法》第十三条规定的“容易导致混淆”。

本案中，商务印书馆和华语出版社使用“新华字典”的商品均为第16类辞书，属于相同商品，且华语出版社在其出版的字典上使用了与商务印书馆未注册驰名商标“新华字典”完全相同的商标，该行为属于以复制的方式使用商务印书馆的未注册驰名商标。关于是否容易导致混淆的问题，根据在案证据（2016）京东方内民证字第03035号公证书中显示，消费者已经在购买和使用字典的过程中将华语出版社出版的《新华字典》误认成商务印书馆出版的《新华字典》。华语出版社的上述行为已经导致相关公众发生混淆和误认。

五、侵害未注册驰名商标是否应该承担赔偿责任的问题

关于赔偿损失的问题，《商标法》第六十三条第一款规定，侵犯商标专用权的赔偿数额，按照权利人因被侵权所受到的实际损失确定；实际损失难以确定的，可以按照侵权人因侵权所获得的利益确定；权利人的损失或者侵权人获得的利益难以确定的，参照该商标许可使用费的倍数合理确定。对恶意侵犯商标专用权，情节严重的，可以在按照上述方法确定数额的一倍以上三倍以下确定赔偿数额。赔偿数额应当包括权利人为制止侵权行为所支付的合理开支。上述规定是针对侵犯注册商标专用权，能否适用于未注册驰名商标法律没有明确规定。

本案考虑到《商标法》明确规定未注册驰名商标应受到《商标法》

的保护，同时，根据《侵权责任法》规定，侵害他人民事权益的，应当承担侵权责任，加之，未注册驰名商标之所以获得保护是因为其经过长期大量使用而获得较高知名度，他人在与未注册驰名商标使用商品相同或类似商品上进行使用属于搭便车行为，获得了不当利益且损害了未注册驰名商标的利益。因此，认定针对未注册驰名商标的侵害行为亦应承担赔偿的侵权责任。关于侵害未注册驰名商标的赔偿数额可以参照侵犯商标专用权的损害赔偿额的方法进行计算。

（张玲玲　作者单位：中国应用法学研究所博士后）

三、著作权案件

ZHU ZUO QUAN AN JIAN

18

如何认定建筑工程设计图图形作品的独创性及著作权人的经济损失？

——深圳建筑设计院诉中辰公司、湖北建筑设计院侵害建筑工程设计图图形作品著作权纠纷案

【案号】

一审：湖北省武汉市中级人民法院（2015）鄂武汉中知初字第00024号

二审：湖北省高级人民法院（2017）鄂民终64号

【裁判要旨】

建筑作品的独创性体现在给人美感的“艺术之美”，而建筑工程设计图属于图形作品，其独创性体现在具有规范性、规律性和科学性的“科学之美”。建筑工程设计可以分为方案设计、初步设计和施工图设计三个阶段，方案设计和初步设计等前期基础设计是建筑工程施工图设计的依据，施工图设计作为具体实施的设计，即便沿用了在先的方案设计或初步设计的设计内容，也不因此而丧失作品的独创性。被控侵权设计图的委托方未经著作权人许可，委托设计人在著作权人设计完成的原建筑工程设计图基础上进行修改、复制，委托方和设计人构成共同侵权，应当承担连带赔偿责任。在建筑工程设计图委托设计合同无效的情形下，著作权人的应得设计费可以作为其实际遭受的经济损失，人民法院可以参考政府指导价格确定经济损失的赔偿数额。

【案情介绍】

原告（上诉人）：深圳市建筑设计研究总院有限公司

被告（上诉人）：荆门中辰置业发展有限公司

被告（上诉人）：湖北省建筑科学研究设计院（原湖北省建科建筑设计院）

2010年3月，被告荆门中辰置业发展有限公司（下称中辰公司）委托案外人北京清华城市规划设计院建筑分院和北京清城华筑建筑设计研究院有限公司设计完成了荆门市天鹅湖公园北侧地块规划设计方案和荆门市天鹅湖公园北侧地块一期建筑设计方案（即京图）。2010年5月11日，原告深圳市建筑设计研究总院有限公司（下称深圳建筑设计院）与中辰公司就尚品金恺城住宅小区工程设计共同签订委托设计合同一份，合同约定的设计阶段及内容为施工图阶段。2010年5月25日和2010年7月23日，深圳建筑设计院依照合同约定先后将设计完成的尚品金恺城一期建筑单体方案设计图和建筑施工设计图（即粤图）发送给中辰公司。其后，中辰公司以锚杆设计既增加投资又影响工期为由，致函深圳建筑设计院要求调整和修改锚杆等设计内容，深圳建筑设计院以上述修改意见不符合建筑法规为由复函拒绝修改。2010年9月10日，中辰公司委托被告湖北省建筑科学研究设计院（原湖北省建科建筑设计院，以下均简称湖北建筑设计院）就前述一期工程项目进行设计，并于事后补签了一份委托设计合同，合同中有“修改原设计，取消基础锚杆，优化结构，完善建筑”的条款约定。同年10月20日，湖北建筑设计院完成了该项目的委托设计，并向中辰公司交付其设计图纸（即鄂图），鄂图包括建筑单体设计方案图和建筑施工方案图两个部分。2011年5月23日，中辰公司通知解除与深圳建筑设计院签订的委托设计合同。随后，双方为合同解除问题在荆门仲裁委员会进行仲裁，后荆门仲裁委员会以涉案工程项目未经招标违反国家强制性规定为由，认定深圳建筑设计院和中辰公司签署的委托设计合同无效。2013年11月20日，深圳建筑设计院从荆门市城建档案馆获取了湖北建筑设计院设计的涉案项目施工图，委托鉴定机构对鄂图与粤图是否具有同一性进行司法鉴定，鉴定报告确认：署名为深圳建筑设计院的粤图设计与署名为湖北建筑设计院的鄂图设计中的建筑施工图、给排水施工图、暖通施工图基本相同。二审补充查明，2010 年 9 月 8 日，深圳建筑设计院向中辰公司发出《关于设计费事宜函》，该函载明：涉案工程施工图设计已全部完成并交付全部设计文件，中辰公司应按合同约定支付设计费 650050.56 元。

湖北省武汉市中级人民法院判决：中辰公司和湖北建筑设计院停止侵权行为、赔礼道歉、消除影响；中辰公司赔偿深圳建筑设计院经济损失 2796800 元及维权合理费用 181579.2 元，湖北建筑设计院在 40 万元范围内承担连带责任。宣判后，深圳建筑设计院、中辰公司和湖北建筑设计院均提出上诉。湖北省高级人民法院二审改判湖北建筑设计院和中辰公司对经济损失 2796800 元及维权合理费用 181579.2 元的判赔数额承担连带赔偿责任。

【法官评析】

该案主要涉及四个方面的法律适用问题：一是建筑工程设计图图形作品与建筑作品的独创性的区别；二是如何认定在前期设计图基础上设计完成的建筑工程设计图的独创性；三是被控侵权设计图的设计人与委托方是否应当承担连带赔偿责任；四是在建筑工程设计图委托设计合同无效的情形下如何确定侵权赔偿标准。

一、建筑工程设计图图形作品与建筑作品的独创性分别体现在“科学之美”和“艺术之美”

我国著作权法将“图形作品”与“建筑作品”作为两种不同的作品类型加以规定，建筑工程设计图图形作品与建筑作品既有联系又有区别，二者都是为设计、建造建筑而绘制的作品，但审美意义是区分两类作品的独创性的重要标准。《中华人民共和国著作权法实施条例》（以下简称著作权法实施条例）第四条第（十二）项规定："图形作品，是指为施工、生产绘制的工程设计图、产品设计图，以及反映地理现象、说明事物原理或者结构的地图、示意图等作品。"按照上述法律规定，工程设计图是指在工厂、矿山、铁路、桥梁及建筑工程建设之前，所创作的能为建设施工提供依据的设计图纸，建筑工程设计图属于著作权法意义上的图形作品。建筑工程设计的受托方，按照国家的建筑规范、工程项目的设计规划和委托方的设计要求，设计完成具有规范性、规律性和科学性的建筑工程设计图，属于在科学领域内能复制的智力成果，是一种典型的图形作品。与图形作品不同的是，我国著作权法实施条例第四条第（九）项规定的建筑作品，"是指以建筑物或者构筑物形式表现的有审美意义的作品。"申言之，我国著作权法意义上的建筑作品只能是三维的建筑物或构筑物，并不包括平面的建筑工程设计图，建筑物或构筑物能够作为作品保护是因为它们具有独立于实用功能的艺术美感，属于艺术领域的智力成果。由此可见，建筑作品和建筑工程设计图这类图形作品和分别属于艺术领域和科学领域的范畴，立体的建筑作品必须具有审美意义，而作为建筑工程设计图的平面图形作品却主要服务于实用性功能，通过说明建筑的原理或结构，用于建造具有实用性的建筑工程。但是，建筑工程设计图同样具有审美意义。建筑作品的审美意义体现在给人艺术上美的享受，是一种典型的"艺术之美"；与之不同的是，建筑工程设计图能够作为作品受著作权法保护，并非在于艺术吸引力，而是在于此类作品是由点、线、面和各种几何图形组成，其审美意义主要表现在图形的严谨、精确、对称、简洁及合理的"科学之美"，这也是建筑工程设计图受著作权法保护的重要方面。

二、在前期设计图基础上设计完成的建筑工程设计图的独创性的司法认定

人民法院审理侵害建筑工程设计图图形作品著作权纠纷的案件，应当先确定前期设计图、请求保护的设计图以及被控侵权的设计图这三套设计图的性质。住房和城乡建设部《建筑工程设计文件编制深度的规定》（2008 年版）第 1.0.4 条规定："建筑工程一般应分为方案设计、初步设计和施工图设计三个阶段；对于技术要求相对简单的民用建筑工程，当有关主管部门在初步设计阶段没有审查要求，且合同中没有做初步设计的约定时，可在方案设计审批后直接进入施工图设计。”施工图设计作为具体实施的设计，需要遵循方案设计和初步设计的规范，也就是说，方案设计、初步设计是施工图设计的依据，施工图设计不得随意更改原方案设计或原初步设计的内容。在司法实践中，请求保护的施工图设计往往在设计指标、设计性能、设计规范等方面与方案设计或初步设计中的设计内容相同，这就涉及在前期设计图基础上设计完成的建筑工程设计图的独创性认定问题。就建筑工程设计图图形作品而言，方案设计或初步设计的设计指标、设计性能、设计规范等内容均属于设计思想的范畴，而不是建筑工程设计图在说明事物原理或者是设计建筑结构方面的具体表达，设计指标、设计性能、设计规范等内容的相同，不影响施工图设计作品的独创性。因此，请求保护的施工图设计即便沿用了经过行政主管机关审批的方案设计或初步设计中的设计内容，也不构成对在先的方案设计或初步设计的抄袭或剽窃，请求保护的施工图设计并不因此而丧失作品的独创性。

三、被控侵权设计图的设计人与委托方是否应当承担连带赔偿责任

关于被控侵权设计图的设计人与委托方构成共同侵权还是帮助侵权的问题，首先涉及共同侵权行为与帮助侵权行为的区分。帮助侵权行为与共同侵权行为的区别是：帮助人没有独立实施加害行为的意图，只是对原本有加害意图的加害人提供便利条件，若帮助人有加害意图并实施了行为，则应将帮助行为认定为共同侵权行为。如果被控侵权设计图的设计人系接受委托方指令，在他人设计完成的原建筑工程设计图图形作品基础上予以修改、复制而形成新的设计图，那么设计人与委托方的侵权行为应当认定为共同侵权。我国侵权责任法第十二条规定：“二人以上分别实施侵权行为造成同一损害，能够确定责任大小的，各自承担相应的责任；难以确定责任大小的，平均承担赔偿责任。”该条文规定的侵权责任性质是无意思联络的分别侵权行为的责任承担。被控侵权设计图的设计人接受委托方指令实施修改、复制原建筑工程设计图图形作品的行为，属于有意思联络的共同侵权，应适用侵权责任法第八条“二人以上共同实施侵权行为，造成他人损害的，应当承担连带责任”的规定，判令被控侵权设计图的设计人与委托方共同承担全部的连带赔偿责任。

四、建筑工程设计图委托设计合同无效情形下侵权赔偿标准的确定

侵害建筑工程设计图图形作品著作权纠纷的案件中，著作权人以应得设计费损失为其实际遭受的经济损失，要求侵权人进行赔偿，属于“按照权利人的实际损失给予赔偿”的情形，符合著作权法第四十九条的规定。在建筑工程设计图委托设计合同无效的情形下，权利人实际损失的确定又有合同约定价格和政府指导价格这两种标准。笔者认为，人民法院审理侵害建筑工程设计图图形作品著作权纠纷的案件，应当参照政府指导价格的标准确定经济赔偿数额，具体理由如下：首先，侵害建筑工程设计图图形作品著作权纠纷与建筑工程设计费合同纠纷的案件性质不同，在侵权之诉中，合同约定的收费标准并不当然地成为确定侵权赔偿数额的依据。《最高人民法院关于审理建设工程施工合同纠纷案件适用法律问题的解释》第二条规定：“建设工程施工合同无效，但建设工程经竣工验收合格，承包人请求参照合同约定支付工程价款的，应予支持。”据此，有观点认为，建筑工程设计图委托设计合同虽然已经无效，但合同约定的工程价款系合同双方真实意思的表示，应当作为确定权利人实际损失的依据。对此，笔者认为，上述司法解释仅适用于建设工程施工合同纠纷的合同之诉，而不能适用于侵害建设工程设计图著作权纠纷的侵权之诉。其次，在侵权行为发生时，《国家计委　建设部关于发布〈工程勘察设计收费管理规定〉的通知》确定的建设项目专业服务的政府指导价格具有法律效力，而建筑工程委托设计合同被认定为无效，在此情况下，侵权人因合同无效丧失了依据合同确定设计费价格的权利，合同双方在合同正常履行过程中基于合同约定计算的设计费用也相应地不再具有法律效力，不能成为确定赔偿数额的依据。最后，人民法院确定赔偿标准应当依据诚实信用原则这一民法中的“帝王条款”。侵权人在建筑工程委托设计合同无效后，又在侵害著作权纠纷的诉讼中主张按照无效合同的收费标准，即按照较低的赔偿标准确定被侵权人经济损失的赔偿数额，显然违反了诚实信用原则，不应得到人民法院的支持。

（童海超　作者单位：湖北省高级人民法院）

19

“李小龙”人物造型与“真功夫”美术作品著作权之争

——经济日报出版社、许丹与东莞市双种子饮食管理有限公司、北京世纪卓越信息技术有限公司、北京世纪卓越信息技术有限公司鄂州分公司侵害著作权纠纷案

【案号】

一审：湖北省武汉市中级人民法院（2015）鄂武汉中知初字第02584号

二审：湖北省高级人民法院（2017）鄂民终65号

【裁判要旨】

在判断被控侵权图片与权利作品是否构成实质性相似时，既要对两者的关键构图要素进行对比，又要考虑其整体视觉效果，两者缺一不可。对于图形要素中包含公众人物造型的美术作品，在被诉侵权主体仅使用人物造型为图书封面时，应充分考虑该人物造型的公共属性，审慎予以保护。

【案情介绍】

涉案“真功夫图形”系委托创作作品，作者为上海茂茂公司，著作权

人为东莞市双种子饮食管理有限公司（下称双种子公司）。该美术作品由“李小龙”功夫造型及“真功夫”、“蒸的营养专家”文字组成。涉案《真功夫你不要学》图书的作者为许丹，出版发行单位为经济日报出版社，北京世纪卓越信息技术有限公司鄂州分公司为涉案图书的销售商。被控《真功夫你不要学》图书的封面使用了“李小龙”人物造型图案，封内第72页使用了“李小龙”人物造型与“真功夫”、“蒸的营养专家”等图、文组合图案，图案下方还有“全球华人餐饮连锁”、“问天下谁有一身真功夫？谁是真的英雄？”等两行文字。双种子公司认为涉案图书该两处使用行为侵害了涉案美术作品的著作权，故诉至法院。

湖北省武汉市中级人民法院认为：涉案“真功夫图形”为“真功夫”品牌设计，属绘画美术作品，具有独创性，应受《著作权法》的保护。双种子公司的“真功夫图形”作为一项市场形象营销设计，已经授权相关单位作为商标标识申请商标注册，并以实际使用的方式向公众公开展示，该行为构成涉案美术作品的发表行为。因此，出版社、许丹具有接触该项作品的可能；第二，经比对，被控图书封面人像设计、封内第72页右下部分附图与双种子公司涉案美术作品“真功夫图形”构成实质性相似；第三，本案中，无证据证实被控图书使用涉案美术作品是已获双种子公司权利人的授权许可。因此，被控图书两处使用双种子公司涉案美术作品的行为构成侵权。没有标注双种子公司涉案权利作品的名称、作者姓名，被控附图通过调整原图中的构图要素之间的组合，将原图构图要素及其排列组合进行重新排列、组合，构成对原图的修改，侵犯了双种子公司涉案“真功夫图形”作品的修改权；同时，被控图书还在第72页右下部分附图的中部、下部加插“全球华人餐饮连锁”中、英文文字组合和“问天下谁有一身真功夫？谁是真的英雄？”文字组合，该部分文字组合改变了双种子公司涉案权利作品品牌设计的目的，淡化了原图中设计者将“功夫文化”与“绿色餐饮文化”有机组合的设计初衷和“真功夫”品牌的设计美感，构成对原作品的不合理损害。并且，被控图片没有标注双种子公司涉案权利作品的名称、作者姓名。许丹、经济日报出版社的合理使用抗辩理由不能成立，不予支持。一审法院判决：出版社、许丹停止出版、发行包含有涉案美术作品“真功夫图形”侵权复制品的图书《真功夫你不要学》，并在加印、再版该书时删除该书中的涉案侵权复制品。出版社、许丹刊登致歉声明，向双种子公司赔礼道歉、消除影响。许丹赔偿双种子公司经济损失10000元，出版社对该项承担连带赔偿责任，出版社赔偿双种子公司经济损失20000元。

许丹、经济日报出版社不服一审判决，分别提出上诉。

湖北省高级人民法院认为：关于涉案图书《真功夫你不要学》封内第72页使用的图片，因其缺少“蒸的营养专家”等核心构图要素，且两图的整体视觉效果也不尽相同，不构成实质性相似。关于涉案图书封面图形，因双种子公司在本案中主张的系整幅美术作品，该美术作品包括多个图形要素，而被控封面图形仅使用了“李小龙”人物造型，且该人物造型为李小龙经典造型，具有公共属性，不能为某个人所独占，故两者也不构成实质性相似。综上，二审法院认为两处被控图形均不构成侵权，判决驳回双种子公司的全部诉讼请求。

【法官评析】

对于美术作品的侵权认定，实质性相似要素是先决要素，只有两者构成实质性相似，才需考虑其它侵权构成条件是否成立。在判断实质性相似时，由于现行法律没有直接运用的条款，导致法官在判案过程中标准不一，加之每个法官的认知方式不同，致使该要素判断存在较强的主观性，同案不同判的现象时有发生。因此，解决实质性相似要素的判断条件是当前司法实践中亟需解决的现实问题。

一、对于独创性较低的美术作品，在判断实质性相似时应相对趋严

我国著作权法没有对独创性的标准作出规定，司法实践中对作品独创性的要求也不尽统一。但主流观点认为，对独创性高度的要求不宜过高，笔者也同意此观点。对于本案中“真功夫”图形美术作品，由于其是采用文字与图片简单组合形成的作品，其独创性主要体现在这种特殊组合而蕴涵的寓意上，与传统的线条、色彩等要素较为突出的美术作品（绘画、书法、雕塑作品）不同，从美术作品的定义来看，其本身的独创性不高。在此前提下，在判断被诉侵权图片与其是否构成实质性相似时，不能仅从第一印象的“像”与“非像”来判断，而应从整体相似性及局部要素的比对来分析，应采用相对严格的判断标准。

二、对于仅使用具有公众认知度的人物造型图片，在判断相似性问题时应充分考虑其公共属性

具有公众认知度的图片，特别是著名人物的经典造型，不能因其作为一个构图要素出现在某一特定作品中，就当然认定其应受著作权法保护。本案中，“李小龙”人物造型是李小龙先生武打电影中的经典动作，早在20世纪就在各种海报、电视、报纸等新闻媒体中广泛出现，该经典造型为社会公众所熟知，虽然被双种子公司将其作为一种图形元素运用于美术作品中，但特定形式下的使用，受到著作权法保护的应是全副作品的整体表达，而不应简单将其中的任一元素统统作为著作权法保护的对象。“李小龙”人物造型经过多年使用，早已被社会公众所知悉，任何人均可模仿或借鉴，造型本身不能被某一特定主体所独占。

三、对于缺少美术作品中关键构图要素的被控图片，在判断实质性相似时应审慎认定

在由各种要素组合而成的美术作品中，各要素在整体美术作品中所发挥的作用有大有小，有些要素被删减，可能不会改变整副作品给社会公众的整体印象，但有些要素一旦缺少，将会使作品的意境及表达大打折扣。如涉案美术作品“真功夫”图形中的“蒸的营养专家”文字，该文字不仅反映了该作品的产品特色，而且也体现了该作品想表达的绿色、健康的养生文化。同时，该文字要素与“真功夫”、“李小龙”人物造型有机结合，三者形成统一整体，不可或缺。如缺少该要素，无法完整体现涉案作品的寓意与内涵。而被控图片在缺少该核心要素的情形下，两者不仅在表达方式上有差异，在所表达的意境上亦不尽相同。

四、在判断实质性相似时，除比对权利作品与被控图片的单个要素外，还要考虑两者的整体视觉感

在判断实质性相似时，无论采用何种方式对权利作品与被控图片之间进行解构，不可否认的是，美术作品仍然是注重要素结合的作品类型，因此，要充分考虑各要素之间有机结合的融合感，即整体视觉感。对于美术作品而言，无论两件作品的各个要素是如何相似或一致，只要其整体给一般理性公众的整体感觉不同，这一定是在表达创新上实现了突破，不能盲目认定两者一定构成实质性相似。就本案而言，被控图片与权利作品“真功夫”图形在要素选取、编排上均有不同，并且被控图片还缺少“蒸的营养专家”等核心文字，两者给一般公众的整体视觉效果不同。

（张浩　作者单位：湖北省高级人民法院知识产权审判庭）

20

实用艺术作品著作权保护相关问题探析

——左尚明舍家居用品（上海）有限公司与北京中融恒盛木业有限公司等侵害著作权纠纷案

【案号】

一审：江苏省南京市中级人民法院（2014）宁知民初字第126号

二审：江苏省高级人民法院（2015）苏知民终字第00085号

【裁判要旨】

我国《著作权法实施条例》第二条规定，著作权法所称作品，是指文学、艺术和科学领域内具有独创性并能以某种有形形式复制的智力成果。

如果家具设计具备一定审美意义，满足作品独创性要求，可以认定构成实用艺术作品，受到我国著作权法的保护。

【案情介绍】

左尚明舍家居用品（上海）有限公司（以下简称左尚明舍公司）成立于2007年7月17日。2009年1月，左尚明舍公司设计了一款名称为“唐韵衣帽间”的家具图。2009年3月15日左尚明舍公司与成都尚彩家居有限公司签订了《地区零售代理合同》，合同约定左尚明舍公司授权成都尚彩家居有限公司作为四川成都市区“左尚明舍”S系、1系、3系定制产品的唯一零售代理商。2009年6月19日成都尚彩家居有限公司向左尚明舍公司订购了“唐韵衣帽间”等家具产品。2009年7月，左尚明舍公司委托上海傲世摄影设计有限公司对其制作的系列家具拍摄照片（其中含唐韵系列）。2011年9月14日、2011年10月10日，左尚明舍公司先后在和家网、搜房网进行企业及产品介绍与宣传，同时展示了其生产的“唐韵衣帽间”产品照片。

2013年12月10日，左尚明舍公司向上海市版权局申请对“唐韵衣帽间组合柜立体图案”进行登记。作品名称：唐韵衣帽间组合柜立体图案，作品类别：美术作品，作者：崔华，著作权人左尚明舍家居用品（上海）有限公司，制作时间：2009年2月1日，首次发表时间：未发表。

2013年11月25日，左尚明舍公司通过公证取证的方式，在南京梦阳家具销售中心（以下简称梦阳销售中心），购买北京中融恒盛木业有限公司（以下简称中融公司）生产的“唐韵红木”的衣帽间家具一套（即被控侵权产品）。左尚明舍公司同时还公证取证了中融公司“越界”品牌家具在互联网上的宣传情况。

审理中，将被控侵权产品与左尚明舍公司主张著作权的涉案作品进行对比。左尚明舍公司认为，被控侵权产品整体呈L形，布局与其作品相同；被控侵权产品衣柜的门是整个家具最具独创性部分，它体现了中式对称的家具风格，衣柜门板四周嵌有铜角花，门下有四个抽屉，抽屉上有铜拉手与涉案作品上的铜拉手相同。涉案作品贴面花色呈黄、红、绿、褐、黑套色组成，颜色层次丰富，在棕红色中，点缀了绿色，而被控侵权产品花色以棕褐色为基础，中间掺杂黑色、青色花纹与涉案美术作品花色一致，被控侵权产品与涉案作品构成实质性相似。左尚明舍公司认为其作品独创点体现在：板材花色、铜配件设计、中式对称性。中融公司、梦阳销售中心认为，涉案作品与被控侵权产品均呈L形，但涉案作品L形拐角处为45度，被控侵权产品L形拐角处为90度，L形和对称是家具设计的常见结构；二者整体结构存在较大差异，被控侵权产品按竖格板数量分割为5个独立单元，而涉案作品按竖格板数量分割为7个独立单元；花色方面，被控侵权产品为深褐色仿木纹理，呈亮黄色，涉案作品花色为红色、绿色组合，未见纹理结构；被控侵权产品花色及铜配件均从第三方处订购，为行业通用材料。中融公司同时认为其产品系其独立创作。

中融公司成立于2007年5月14日。2011年7月，中融公司设计人员设计了名称为“越界新中式”系列家具草图（含被控侵权产品图样）。2014年7月24日，中融公司向国家版权局申请进行了作品登记。作品名称：越界新中式，作品类别：美术作品，作者：北京中融恒盛木业有限公司，著作权人北京中融恒盛木业有限公司，制作时间：2011年7月15日，首次发表时间：2011年7月15日。

另查明，案外人慈溪市观海卫镇仁立铜雕刻厂成立于1997年7月25日，经营范围为铜制品加工，系中融公司铜配件产品的供应商。其宣传册中展示有涉案铜配件产品。2014年10月8日，左尚明舍公司订购了慈溪市观海卫镇仁立铜雕刻厂铜配件。

左尚明舍公司据此提起诉讼，请求中融公司、梦阳销售中心停止侵权并赔偿左尚明舍公司经济损失200万元及承担合理费用。

中融公司、梦阳销售中心辩称，左尚明舍公司作品体现了生活中常见的家具元素的组合，其设计缺乏创造性、艺术性，不构成著作权法意义上的美术作品。中融公司生产产品行为不属于著作权法意义上的复制、发行行为，且由中融公司设计人员独立完成，不构成侵权。

一审法院认为：

我国著作权法保护的客体是作品。著作权法所称作品，是指文学、艺术和科学领域内，具有独创性并能以有形形式复制的智力创作成果。左尚明舍公司主张的“唐韵衣帽间组合柜立体图案”融合了西式风格与中式元素，整体富有美感，其享有涉案美术作品的著作权应受法律保护。

中融公司的生产行为不属于著作权法意义上的复制行为。理由如下：著作权法意义上对产品设计图、美术作品等的复制仅指以印刷、翻拍等复制形式使用图纸，而不包括按图生产工业产品。首先，左尚明舍公司主张其享有权利的涉案美术作品制作完成于2009年2月，源自2009年1月的设计，同时向法庭提交相应“唐韵衣帽间”设计图，以证明其于2009年即完成了涉案作品。而“唐韵衣帽间”设计图在设计结构、配饰上与美术作品“唐韵衣帽间组合柜立体图案”相同。其次，在著作权法意义上，所谓复制，应当是指美学或艺术表达成分的复制。因此，判断某一种平面到立体的行为是否构成复制，取决于立体实物本身是不是著作权法意义上的作品。一般而言，大型组合衣帽间产品往往根据房间墙体结构设计成L形、U形等不同形状，柜体内部依据置物功能有多种不同形式的隔断、抽屉、柜子，柜体之间的组合位置一般会依据订购者、使用者的喜好、房屋结构、环境等因素进行自由组合。且大型衣帽间家具柜体内部置物空间设计通常有较为固定的尺寸，属该类产品常见设计，对称性乃家具设计、制作的基本原则。其生产方式亦采用机械化生产线、自动化流水线的生产方式。故被控“唐韵红木”衣帽间产品为实用工业产品，其功能性与艺术性无法分离，不构成作品。当然，中融公司的生产也就不构成复制权控制的复制行为。再次，被控“唐韵红木”衣帽间产品与涉案“唐韵衣帽间组合柜立体图案”美术作品存在以下不同：1. L形衣帽间拐角角度不同，被控侵权产品呈90度角，“唐韵衣帽间组合柜立体图案”呈45度角；2. 板材花色不同，被控侵权产品为黄褐色不规则纹理，呈亮黄色，“唐韵衣帽间组合柜立体图案”呈红绿相间纹路，主体偏红色；3. 两者柜体内部空间分隔不同。且中融公司亦提供证据证明被控“唐韵红木”衣帽间产品由其自行设计，独立完成。

综上，中融公司生产的“唐韵红木”衣帽间产品为实用工业产品，该产品不是著作权法意义上的作品，其生产行为不是著作权法意义上的复制行为，因此，不构成侵权。一审法院据此判决：驳回左尚明舍公司的诉讼请求。左尚明舍公司不服一审判决，向江苏高院提出上诉。

二审法院认为：

一、上诉人“唐韵衣帽间家具”属于我国著作权法保护的作品

我国《著作权法实施条例》第二条规定，著作权法所称作品，是指文学、艺术和科学领域内具有独创性并能以某种有形形式复制的智力成果。本案中，上诉人“唐韵衣帽间家具”的整体形状，以及通过板材花色纹路、金属配件搭配、中式对称等设计的组合，融合中式、西式多种元素，整体富有美感，具备一定审美意义，满足作品的独创性要求，并可用于工业化大批量生产，具备可复制性和实用性特点，据此，二审法院认为上诉人主张的“唐韵衣帽间家具”构成具有实用价值的艺术作品，应当受到我国著作权法保护。

中融公司认为涉案“唐韵衣帽间家具”不具备独创性和艺术性，仅利用了此类家具常见设计和惯常元素，将衣帽间常见的内部结构组合搭配公用领域的通用配件，因此不构成实用艺术品，不应受到著作权法保护。对此，二审法院认为，即便如中融公司所主张，涉案“唐韵衣帽间家具”采用相应公知设计，金属配件等相关配件亦为通用配件，但上诉人将上述元素组合并设计涉案“唐韵衣帽间家具”，该过程包含着作者的取舍、选择、设计、布局等创造性劳动，符合我国著作权法有关作品独创性要求，应当受到著作权法保护。

上诉人主张其权利客体是其设计的“唐韵衣帽间家具”作品，而非“唐韵衣帽间组合柜立体图案”，其只是用设计图稿、版权登记证书、产品照片、销售合同、宣传报道等证据来证明涉案家具作品的创作时间、过程及展现家具实物外观，而不是将著作权保护范围限于一张家具立体效果

图。二审法院经审查认为，上诉人该项主张与其在本案诉讼中的相关诉讼请求及陈述相符，具备事实和法律依据，应予采纳。一审判决将上诉人主张权利客体限定为“唐韵衣帽间组合柜立体图案”有所不当，予以纠正。

二、被上诉人侵犯了上诉人“唐韵衣帽间家具”作品的著作权

本案中，将上诉人“唐韵衣帽间家具”作品与被控侵权产品“唐韵红木衣帽间”相比较，两者整体均呈L型，均体现中式对称的设计风格，板材花色纹路相似，衣柜门板设计相似，铜配件装饰亦相同，整体设计以及独特装饰性特征构成实质性相同。虽然两者在L形衣帽间拐角角度、柜体内部空间分隔等存在相应不同，但仍属于非重点关注部分的差异，并不能使两者之间造成明显差别，也不能影响两者整体设计以及独特装饰性特征实质性相同的判定。据此，二审法院认为，根据现有证据，应当认定上诉人“唐韵衣帽间家具”作品与被控侵权产品“唐韵红木衣帽间”构成实质性相同。

中融公司主张被控“唐韵红木衣帽间”产品由其自行设计，独立完成，但并未能提供证据证明其于2009年1月之前，即早于上诉人设计完成涉案产品，也未能提供充分证据证明其于2009年1月之后，自行设计完成被控侵权产品，其提供的相关设计图纸并不能完全反映被控侵权产品的设计元素，亦缺乏形成时间、设计人员组成等信息，不能充分证明其该项诉讼主张。一审判决关于中融公司亦提供证据证明被控“唐韵红木”衣帽间产品由其自行设计，独立完成的认定缺乏事实依据，予以纠正。

据此，在上诉人“唐韵衣帽间家具”作品形成并发表时间早于被控侵权产品，两者之间构成实质性相同，中融公司具备接触上诉人作品的条件，且亦未能提供证据证明被控侵权产品由其自行设计，独立完成的情形下，应当认定中融公司侵犯了上诉人涉案“唐韵衣帽间家具”作品著作权，应当承担相应侵权责任。一审判决以被控侵权产品“唐韵红木衣帽间”为实用工业产品，其功能性与艺术性无法分离，不构成作品为由，认定中融公司的生产行为不构成著作权法意义上的复制行为，其行为不构成侵权，该认定不当，予以纠正。

二审法院综合考虑中融公司侵权行为的性质、过错程度、持续时间、经营规模、涉案作品的知名度及上诉人为制止侵权所支付的合理费用等因素，依法酌定本案赔偿数额。梦阳销售中心未经上诉人许可销售被控侵权产品，侵犯上诉人的著作权，依法应当承担停止侵权的民事责任。二审法院据此判决：撤销一审判决；中融公司、梦阳销售中心立即停止侵权，中融公司赔偿左尚明舍公司经济损失30万元。

【法官评析】

目前，在纺织品、家具、服装、家装等对设计创新具有较高要求的行业，市场竞争激烈，设计抄袭现象相对严重，权利边界与行为边界不清，行业对此反应强烈，要求保护创新的呼声很高。除通过外观设计予以专利保护的途径外，较多权利人希望能够进行著作权保护。本案二审认定涉案家具产品属于实用艺术作品，予以著作权保护，体现了鼓励家具行业创新发展的司法导向，但包括家具在内的上述产品能否作为实用艺术品获得著作权保护？理论界和实务界一直存在较大争议。本文试作分析评价。

一、关于保护实用艺术作品的立法渊源

《伯尔尼公约》第2条第1款将“实用艺术品”列为“文学艺术作品”的范围。根据世界知识产权组织编写的《伯尔尼公约指南》，实用艺术品涵盖小摆设、金银首饰、家具、壁纸、装饰品、服装等。根据《伯尔尼公约》第2条第7款，如果实用艺术品的来源国没有对实用艺术品提供专门保护，实用艺术品应作为“艺术作品”受到保护。我国著作权法并没有明确规定对实用艺术品提供著作权保护，但国务院于1992年颁布的《实施国际著作权条约的规定》规定：对外国实用艺术作品的保护期，自该作品完成起25年。美术作品（包括动画形象设计）用于工业制品的，不适用前款规定。对此，通常认为，我国著作权法既然对外国实用艺术品提供著作权保护，对于国内实用艺术品也应当提供相同的保护。通说认

为，对于实用艺术品的保护，应重点把握实用艺术品的实用性与艺术性必须具有物理上或观念上的可分离性，而至于对实用艺术品的艺术性是一般审美要求还是较高审美要求，即实用艺术品与一般美术作品的独创性标准是否相同，历来对此见仁见智。有观点认为，实用艺术品本身是具有实际用途的艺术品，因为其兼具实用性与艺术性的双重特性，因而对艺术性应当具有较高的审美要求，即有学者称应“达到较高水准的艺术创作高度”。如在惠州新力达电子工具有限公司与爱禄睦国际福分有限公司侵犯著作权纠纷案中，审理法院认为，实用艺术作品只有在达到艺术创作高度时，才能作为“美术作品”受到我国著作权法保护。[①] 在上海发勋帝贺商贸有限公司与广州万想贸易有限公司著作权纠纷案中，审理法院认为“只有对那些具有实用性但更具有艺术欣赏性的服装才能作为实用艺术品收到著作权法的保护”。[②] 也有观点认为，实用艺术作品的独创性与其他类型作品的独创性的标准是一致的，实用艺术作品属于“美术作品”的范畴。与其他类别的作品一样，法律为其所设立的独创性标准与其他作品的独创性标准别无二致，即其线条、色彩等表达是否有作者的个性、安排、选择等。[③]。由于对实用艺术品的保护条件认识不同，对于个案所涉家具应否给予著作权保护争议很大，如本案一、二审对此的观点完全不同，这也凸显了当前加快著作权第三次修法进程的迫切性。因为在著作权法第三次修订最新送审稿（2013）中，对实用艺术品的界定是“玩具、家具、饰品等具有实用功能并有审美意义的平面或者立体的造型艺术品”，然而该规定对“审美意义”的程度以及审美与功能的可分离性并未作出规定，这涉及对实用艺术品进行著作权保护的标准问题，需要在修法过程中予以讨论和明确。

二、关于实用艺术作品的独创性与可分离性的判断问题

实用艺术作品的独创性和艺术性必须独立于产品的实用功能单独存在

---

① 详见广东省高级人民法院（2006）粤高法民三终字第45号民事判决书。

② 详见广东省广州市南沙区人民法院（2013）穗南法知民初字第423号民事判决书。

③ 陈锦川著：《著作权审判原理解读与实务指导》，法律出版社2014年版，第17页。

（即可分离性），实际上是相辅相成的两个问题。对于完全可以从实用品中分离或原先就独立存在后来应用到实用品上的美术作品[1]，上述问题并不突出存在，比如说在地毯、瓷器、餐具上的美术图案，或者玩具上的卡通形象，由于上述图案和形象可以容易地从实用品上分离，因此只要符合著作权法对于作品独创性的一般性要求即能受到著作权法的保护。

实践中争议较大的问题集中体现在对于不易作出艺术性和功能性“分离”的实用艺术品，比如家具的立体造型、服装设计等。上述类型的实用品的功能性和艺术性特点往往结合得较为紧密，客观上将两者完全抽象剥离有时会非常困难。但是如果不加区分地对此类实用品一律予以著作权保护，则可能将本应由专利法等法律予以调整的工业设计纳入著作权法调整范畴，无疑会对现行知识产权保护制度形成破坏。对此，司法实践中形成了多种解决思路，归纳起来主要是以下两类：一是采取“完全分离的标准”，即艺术性和功能性物理或者观念上的完全分离。在北京中航智成科技有限公司与深圳飞鹏达精品制造有限公司著作权权属、侵权纠纷案中[2]，审理法院认为“应当区分实用功能决定的造型成分和纯粹的艺术表达成分，亦即在剔除实用功能决定而无法分离的造型成分之后，再判断其中独立的艺术表达是否具有独创性从而构成美术作品……原告应当举证证明或者合理说明‘歼十飞机（单座）’造型中除飞机性能决定的造型成分之外，还有哪些造型成分属于可独立于飞机性能的纯粹艺术表达。但是，原告并没有尽到举证证明或者合理说明的义务，法院无法认定‘歼十飞机（单座）’造型中哪些成分是可独立于飞机性能的纯粹艺术表达，进而无法认定‘歼十飞机（单座）’造型构成美术作品”。二是采取“比较性判断标准”，即将实用品的实用性、艺术性进行比较，对于具有一定审美价值且不是为实现特定功能所必需的设计予以著作权保护。在黄炳登与中山麦

---

① 李明德、管育鹰、唐广良著：《著作权法专家建议稿说明》，法律出版社2012年版，第209页。

② 详见北京市高级人民法院（2014）高民（知）终字第3451号民事判决书。

杰婚纱有限公司等侵害著作权纠纷案中[①]，审理法院认为“原告所主张的15款婚纱，分别通过若干种服饰造型设计元素和风格的选择和组合，具有线条流畅、造型美观、柔和高贵并具个性化美感等特点，该婚纱除了有实用价值外，还有可以独立于其实用功能的较强的艺术欣赏性……属于实用艺术作品的范围。”

笔者认为，对于请求著作权保护的实用品而言，能够将其艺术性和功能性进行“分离”，进而单独就体现艺术性的部分进行独创性判断固然是一种最佳的判断方法，但由于实用品本身即兼具实用性和艺术性的双重属性，部分情形下很难清晰无误地将两者完全剥离开来，也很难绝对地认定哪些部分属于功能性设计，哪些部分属于艺术性设计。因此，如果因为客观上难以分离的原因，即一律以权利人无法举证证明“哪些设计成分属于可独立于功能性设计的纯粹艺术表达”，将此类实用品设计完全阻断于著作权保护的门槛之外，既过于片面地理解了实用艺术品著作权保护的制度设计本意，也可能在一定程度上纵容了侵权行为，阻碍行业创新发展。本案即属于这种情形，一审法院认为“涉案唐韵红木衣帽间产品为实用工业产品，其功能性与艺术性无法分离，不构成作品，因此无法对其采取著作权保护”。这一绝对化的思路忽视了家具设计本身所具有“实用性和艺术性相互融合”的行业性特点，很可能造成将整个家具行业排斥于著作权保护的后果，这无论是对于知识产权司法保护制度的完善，还是家具设计行业的发展都不是一种理想的选择。

因此，对于客观上难以对艺术性和功能性绝对一刀切“分离”的实用品，笔者主张不能简单地将其绝对性地排斥于著作权保护门外，而是应当进一步对其艺术性和功能性因素做比较性判断，在艺术性设计符合我国著作权法关于独创性的要求，且审美功能明显强于实用功能的情形下，原则上可以认定构成实用艺术作品，并给予著作权保护。具体应当关注以下因素：

---

① 详见广东省中山市中级人民法院（2013）中法知民终字第41号民事判决书。

1. 实用艺术作品至少需要满足著作权法对作品独创性的一般性要求。这是实用艺术作品受到著作权保护的前提和基本条件。在李嘉善与无锡市海谊工艺雕刻公司侵害著作权纠纷案中①，审理法院认为，“涉案钻石印章手柄属于工业品外观设计，可用于工业化大批量生产，其实用性和可复制性毋庸置疑。同时，该印章手柄在设计时采用了钻石造型这一特有的表现形式，给人以晶莹剔透之感，具有一定的欣赏性及审美价值，具备实用艺术作品的艺术性，具有作品的独创性，符合著作权法意义上的作品”。需要强调的是，由于我国对实用艺术品没有单独立法保护，目前主要是以美术作品进行保护，而实用艺术品并非单纯的美术作品，兼具实用性和艺术性，因此，考虑到保护创新和规范行业竞争秩序，对于实用艺术品的独创性高度，既无需要求过高——要求“必须达到较高水准的艺术创作高度”，人为地将实用艺术作品的独创性要求提高并不具备法律和法理依据，也不能要求过低——只要求“一枚小硬币”的高度，否则可能保护过度。目前采取居中的标准较为适宜，即满足一定审美意义的要求。笔者认为，真正需要关注的是，如何准确判断出实用品设计中功能性因素和艺术性因素的比重关系。

2. 实用品设计的审美功能应当明显强于实用功能。对于功能性和艺术性设计相互掺杂的实用品设计，需要对两者所起作用的大小进行判别，对于虽具备一定审美意义，但主要是为了实现产品的某种功能而进行的设计应予排除，以避免将应由专利法律制度调整的工业设计不当纳入到著作权法调整领域。在史密斯克兰．比彻姆公共有限公司与扬州明星牙刷有限公司侵害著作权纠纷案中②，审理法院认为，“涉案牙刷的 S 弯形显然是为实现牙刷的随意弯曲功能而设计的，该 S 弯形不具有著作权法意义上的艺术性，故原告的 S 弯形设计的牙刷不构成实用艺术作品”。

回到本案，二审法院最终认定“涉案唐韵衣帽间家具的整体形状，以

---

① 详见江苏省高级人民法院（2007）苏民三终字第 0115 号民事判决书。

② 详见北京市第一中级人民法院（2002）一中民初字第 3515 号民事判决书。

及通过板材花色纹路，金属配件搭配，中式对称等设计的组合，融合中式、西式多种元素，整体富有美感，具备一定审美意义，满足作品的独创性要求，构成具有实用价值的艺术作品，应当受到我国著作权法保护”。这里实际上还应当同时理解为，尽管涉案家具设计中包含了功能性因素，但该功能性因素是任何一项家具设计都通常具有的，且通过多种不同设计均能实现此功能。涉案唐韵衣帽间家具所选择的设计更多地体现为能够带来审美意义上的美感，并不能片面放大该设计同时具有满足家具性能的功能性因素而否定其实用艺术作品性质。

3. 避免产品设计的不当垄断。实用艺术品一般用于工业化大规模生产，在对其进行著作权保护的同时，也要注意考虑对公众利益的影响，避免过度保护，不当挤占其他市场主体的经营空间。如果将实用品设计中的每一点变化和更新都由设计者垄断，则可能会造成个体利益、行业利益和公众利益的失衡。因此在实用艺术作品保护中，需要考虑设计空间大小这一因素。对于设计空间不大，实现产品功能的设计形式和途径相对有限的领域，需要采取相对严格的审查标准，适度提高准入门槛，以防止对公众利益形成不当损害。

（顾韬　作者单位：江苏省高级人民法院法官）

21

使用具有推广宣传性质内容的行为构成合理使用

——乐视花儿公司诉豆网公司著作权案

【案号】

一审：北京市朝阳区人民法院（2017）京0105民初10028号

【裁判要旨】

网络用户在影视作品的评论交流中推广使用具有宣传性质的影视作品海报、剧照、截图，未影响该作品的正常使用，亦未不合理损害著作权人合法权益，属于合理使用。影评网站允许网络用户在上传分享影评时使用影视作品海报、剧照、截图，亦不构成侵权。

【案情介绍】

2014年5月12日，浙江省新闻出版广电局颁发《国产电视剧发行许可证》，载明剧目《产科医生》申报机构为东阳市花儿影视文化有限公司。涉案电视剧正版光盘封底署名“本作品版权归东阳市花儿影视文化有限公司单独所有”。

涉案影视作品的推广宣传中使用了一张海报，该海报下方标注“出品单位：东阳市花儿影视文化有限公司”，但乐视花儿公司未就该海报作者署名、创作底稿等进行举证。

2015年11月2日，东阳市花儿影视文化有限公司经核准变更公司名称为原告乐视花儿公司。

在域名为douban.com的“豆瓣网”首页，点击“电影”进入“豆瓣电影”页面，在该页面上方搜索框输入“产科医生”，检索后在结果页面点击第一项结果条目“产科医生/情定妇产科/Obstetrician”，进入新页面后，页面左侧上方为该影视作品的海报、导演、编剧、主演等信息，中部为分集短评列表、剧情简介、电视剧图片部分列表，下方为讨论区。右侧上方为商业广告。点击图片区的“全部”，进入新页面，显示有“剧照(48)”、“海报（1）”、“壁纸（0）”三个栏目。分别点击前述标题，均能浏览相应标题下的图片，页面左侧为图片展示列表，右侧为网友点评列表，页面无广告。2016年7月7日，原告乐视花儿公司委托北京市方正公证处对上述网页浏览情况进行了证据保全公证。

庭审中，原告乐视花儿公司主张前述公证过程所显示的全部49张图片中，有34张系海报，15张系截图。原告乐视花儿公司表示其所主张的

34张海报中，一部分为传统意义上的海报，即在剧照、截图等内容上配以相关的文字、色彩、图形等要素所形成的美术作品；一部分是体现影视作品人物形象、关键情节等内容的剧照。该34张海报中，有一张与前述涉案影视作品宣传推广中使用的海报相同。

被告豆网公司经营的涉案“豆瓣电影”网站有包括“影讯&购票”、“排行榜”、“分类”、“影评”、“2016年度榜单”、“2016观影报告”等栏目，在具体的影视作品条目下，显示有影片名称、海报等简介信息以及网络用户的观影交流与评论。被告豆网公司在涉案网站上发布的《使用协议》《免责声明》等网站声明均显示涉案网站具有供用户发布并分享影视作品评论的功能，仅为用户发布的内容提供存储空间，并对网友上传内容不得侵害他人知识产权进行了版权提示，公布了侵权投诉联系方式。庭审中，被告豆网公司提交了一张涉案被控侵权图片的详情页面网页打印件，该页面左侧上方显示为乐视花儿公司主张侵权的图片大图，左侧下方为网友评论，右侧下方为商业广告，右侧上方为图片信息，显示“来自：1296不只是69”、“上传于2014-07-29”等内容，被告豆网公司表示该图片系网友“1296不只是69”上传，其他图片信息系由网络用户上传图片时自行填写。此外，被告豆网公司还提供了其他涉案图片上传者的用户名称、链接及上传时间等信息。经当庭勘验，通过登录豆瓣网账号，确实能够在该网站具体影视条目下上传图片，上传过程中亦需对各类图片信息进行勾选编辑。

被告豆网公司收到本案诉讼材料后，原告乐视花儿公司对豆网公司涉案行为进行了二次公证，显示豆网公司收到诉讼材料后未删除涉案内容。双方确认，至迟截至庭审时，豆网公司已删除涉案图片。

为此，原告乐视花儿公司认为其系电视剧《产科医生》的著作权人，依法享有本剧包括但不限于剧集、截图、海报等的著作权。被告豆网公司未经许可，在其主办的“豆瓣网”（douban.com）下的“豆瓣电影”（movie.douban.com）上使用涉案电视剧的截图、海报等进行营利性活动，侵害了我公司著作权，故请求法院：1. 判令豆网公司立即删除“豆瓣电影”网页上涉案电视剧的截图和海报；2. 判令豆网公司在其网站连续三天刊登声明启事，消除影响；3. 判令豆网公司赔偿我公司经济损失 6800 元，维权合理支出 1600 元。

被告豆网公司辩称，1. 乐视花儿公司不享有涉案内容的信息网络传播权，无权提起本案诉讼；2. 涉案内容均由网络用户上传，无论是用户使用涉案内容还是我公司允许用户上传涉案内容，均构成合理使用；3. 即使乐视花儿公司享有涉案内容的著作权，由于涉案内容的宣传属性，他人使用涉案内容应当视为默示许可；4. 我公司作为信息网络存储空间服务提供者，不应承担侵权责任；5. 我公司未给乐视花儿公司造成负面影响或经济损失，其主张消除影响和赔偿损失的诉讼请求没有依据；6. 我公司涉案行为是国内外通行做法，判决我公司承担责任将遏制行业积极发展，损害社会公共利益。综上，我公司不同意花儿公司的诉讼请求。

【法院裁判】

根据涉案电视剧署名及《国产电视剧发行许可证》，在没有相反证据的情况下，可以认定乐视花儿公司系涉案电视剧的著作权人。

乐视花儿公司主张其作为涉案电视剧的著作权人，有权就涉案电视剧的海报、截图主张权利。法院认为，本案中，乐视花儿公司主张权利的海报，实质内容包括不同于影视作品截图的剧照和海报两类。前者是在影视作品摄制之外，通过对演员外型、服装、道具的设计和调整，结合影视作品的背景和情节，概括表现影片主要情节或人物形象的摄影作品。而海报主要是通过剧照、绘画、图形、色彩、文字等要素的创造性的有机整合，形成具有审美意义的平面造型艺术作品，属于著作权法所规定的美术作品。尽管剧照和海报系为影视作品的宣传、营销而制作，但仍是独立于影视作品之外的作品，其著作权由作者享有。本案中，涉案剧照、海报均未显示乐视花儿公司系作者的相应署名，乐视花儿公司亦未提交相关作品的底稿、原件、取得权利的合同等任何著作权证明，不能仅凭其系影视作品著作权人，当然的推定其为涉案剧照、海报的著作权人。故在现有证据情况下，法院对于乐视花儿公司就涉案剧照、海报提起的诉讼请求，不予支持。

就截图而言，影视作品作为一种前后连贯的视听作品，表现为有伴音或无伴音的连续动态画面，该连续的动态画面是由一帧一帧的静态画面所组成，本案所涉截图，即系从连续动态画面中截取出来的一帧静态画面，从本质上来说，该静态画面是影视作品连贯画面的组成部分，而非与之相独立的摄影作品。乐视花儿公司作为涉案影视作品的著作权人，有权对该作品的截图主张权利。

根据豆网公司提交的涉案网站声明、图片详情页面打印件、网友信息以及当庭勘验的情况，可以认定涉案截图系网络用户上传。豆网公司主张网络用户使用涉案截图构成合理使用。法院认为，《著作权法》第二十二条规定了 12 种合理使用的情形，《著作权法实施条例》第二十一条规定了合理使用的构成条件，合理使用制度作为对著作权专有权利的限制，其立法本意在于平衡保护著作权人合法权益与鼓励、促进作品的创作和传播的关系。但由于互联网新兴技术的发展，该 12 种情形无法完全解决现实需求。因此，在遵循《著作权法实施条例》第二十一条规定的合理使用要件的基础上，适用合理使用制度衡量某一行为是否属于合理使用，是合乎著作权法立法原意与合理使用制度设计初衷的。因此，使用他人已经发表的作品，未影响该作品的正常使用，也未不合理损害著作权人合法权益，这种使用可以构成合理使用。就涉案行为而言，首先，涉案截图已经随影视作品的发行而先于涉案行为实施前发表。其次，网络用户使用涉案截图是为了在介绍评论涉案影视作品时，更加形象直观地抒发和交流对影视作品的预期与观感，这种使用方式有利于扩大涉案影视作品的宣传影响，符合著作权人利益需求。最后，涉案截图作为从四十余集电视剧的连续动态画面中截取的一帧帧静态画面，数量有限，亦无法通过截图的前后连续组合表达出完整的故事情节，公众难以通过浏览涉案截图获悉涉案影视作品的全部内容，因此涉案截图的使用行为并未实质性地再现涉案影视作品，客观上未对涉案影视作品起到替代作用，不足以对其市场价值造成实质性影响。进一步就海报、剧照而言，由于影视剧海报、剧照作为向公众推介作品的招贴，其主要功能在于广告宣传，因此扩大海报、剧照的张贴范围，让更多的公众获悉海报、剧照内容进而提高影视作品的宣传效果，符合海报、剧照本身宣传属性的要求，亦符合影视作品著作权人的利益需求。故，网络用户实施的涉案信息网络传播行为虽然未经著作权人许可，但鉴于其并未与作品的正常利用相冲突，也没有不合理地损害著作权人的合法利益，本案中乐视花儿公司也未举证证明涉案行为给其造成了经济损失。因此，该行为属于对乐视花儿公司作品的合理使用，并未构成对乐视花儿公司信息网络传播权的侵犯。

豆网公司经营的“豆瓣电影”网站，系网络用户围绕影视剧进行评论、交流的信息分享平台，该网站为网络用户所发布的内容提供信息存储空间，豆网公司系信息网络存储空间服务提供者。信息网络存储空间服务提供者构成侵权的前提是明知或者应知其平台上有侵权内容而未及时采取措施。本案中，网络用户上传截图的行为并不侵权，故豆网公司也不构成侵权。豆网公司允许网络用户在“豆瓣电影”网站上合理使用乐视花儿公司涉案作品，既没有损害著作权人的合法利益，亦不影响著作权人正常使用其作品，且有利于促进涉案作品的推广与传播。

综上所述，依照《中华人民共和国著作权法》第十一条、第二十二条第一款第（二）项、《中华人民共和国著作权法实施条例》第二十一条之规定，判决如下：

驳回原告东阳市乐视花儿影视文化有限公司的全部诉讼请求。

【法官评析】

一、权利主体的判定

从案件审理的思路来看，原告发起诉讼的前提是其要享有相应的权利，即著作权。由此，本案首先要判断原告是否享有其主张的相关著作权。涉案中涉及原告的权利客体有三部分：剧照、截图、海报。对该三部分的权利，是否基于原告是影视作品的权利人就当然享有？

按照我国著作权法的相关规定，在没有相反证据的情况下，以署名来作为初步的认定依据。应当说，随着影视行业的发展，细分越来越细。比如，后期制作的团队未必是影视作品的权利人，他们之间往往是通过合同来界定权利的归属，并不当然地权利归属于影视作品的权利人。同时，我们看到，海报的制作于影视作品的制作手法不同，其功能性在于渲染作品，达到宣传推广的目的。它可以独立于影视作品之外进行创作，而其创作的结果往往是以美术作品的形式存在。因而，与影视作品相比，两者是不同的作品形式，自然也会产生不同的权利状态。因此，往往也是通过外部的形式进行制作。他们之间的权利关系也要通过合同的约定进行分配，同样并不当然地归属于影视作品的权利人。事实上，我们看到大量的海报上都有制作方的署名。同理，剧照一般是以摄影作品的形态存在，它的内容不同于影视作品，其目的也是在于对影视作品的推广宣传。涉案中的海报、剧照，在署名上恰恰没有反映出体现原告权利的情形。由于行业的特性，致使法院不能当然地判定该权利归属于原告。加之，涉案中原告就此未提交任何证据证明其对海报、剧照享有权利，包括创作的素材等因素，致使法院最终就涉案原告主张的海报、剧照的权利不予支持。

但是，涉案的截图则与海报、剧照不同。其来源于影视作品本身，是影视作品内容的组成部分，即是对影视作品的部分截取。因此，其本质属于与影视作品一样的类电作品。由此，可以判断截图内容应属于影视作品权利人。故，原告对该部分享有著作权利，并有权主张。

二、行为主体的判定

在确定权属的前提下，继续判断涉案行为的主体。就此点，需要进一步说明一下。一般情况下，我们审理案件，要先考虑程序是否合法，包括主体是否适格。但如果通过原告的举证可以看出是在被告的网站上出现了原告的内容，应当说基本满足了主体适格、法律关系存在的形式要件，就可以进入实体内容的判定。

此案中，判断行为主体对判定被告承担什么样的法律责任有着至关重要的作用。

原告在本案中，主张被告是使用行为，即直接侵权；但被告抗辩是用户上传。因此，法院需要通过证据进行判定认定。从涉案的证据显示的内容来看，原告主张侵权的涉案内容，显示有"来自：1296 不只是 69"、"上传于 2014 -07 -29"等内容，且被告提供了涉案图片上传者的用户名称、链接及上传时间等信息；经当庭勘验，通过登录豆瓣网账号，确实能够在该网站具体影视条目下上传图片，上传过程中亦需对各类图片信息进行勾选编辑。故，可以判定涉案行为系网络用户所为。

三、行为定性的判定

此案判断作为网站的被告是否侵权，首先要判网络网上的涉案使用行为是否侵犯原告的权利。

判断是否构成侵权，首先要符合基本的要件，即行为的违法性、存在侵害事实的结果以及两者之间的因果关系，上述要件缺一不可。

权利人的作品，未经许可均不得使用。这是基本原则和判断标准，是法律赋予权利人的权利。而行为的违法性，是指行为人实施的行为违反了法律的禁止性规定或强制性规定。因此，从行为上判定，未经原告的许可，使用了其享有权利的截图，就是侵犯了权利人的权利，具有行为的违法性。

损害事实是指他人财产或者人身权益所遭受的不利影响，包括财产损害、非财产损害，非财产损害又包括人身损害、精神损害。判断损害事实的存在必须要判断具有损害后果，不管这种后果是财产性还是非财产性，是物质的还是精神的。放置在涉案中对截图的使用，是否会导致原告遭受不利影响？这就需要看截图的作用、使用的目的。首先，截图的制作者是原告并由其上传，只是网络用户放置到了被告的网站上。原告上传的行为在于推广宣传其相关的影视作品，是通过截图这种形式，让更多的网络用户了解影视作品，让更多的网络用户看到这个宣传方式所展示的内容。此时，在被告网站上的网络上传行为不可否认地起到了推广宣传涉案影视作品的作用，与原告的目的不谋而合，不产生冲突，某种意义上讲是帮助原告在做推广宣传。在此情形下，如何能得出原告会遭受不利影响？重要的是原告是涉案影视作品，涉案网络上的使用行为并未损害影视作品，也不会对影视作品产生损害事实。由此，应该可以认定在被告网站上的网络上传截图的行为，没有给原告带来不利影响，造成损害事实。事实上，就此原告也未举出证据予以证明。

侵权要件的全部满足，是构成侵权判定的必要条件。通过上述分析，在损害事实的判定上不能认定，故对于在被告网站上的使用原告截图的行为，不能认定是侵权行为。

四、合理使用的判定

从被告抗辩的角度之一，提出“无论是用户使用涉案内容还是我公司允许用户上传涉案内容，均构成合理使用”。是否构成合理使用，也是对网络上使用截图行为定性的判定。

我国著作权法对合理使用，在二十二条中进行了相关规定。该规定采取了列举式，从列举的情形里，均不涉及涉案网络上发生的行为。但在著作权法实施条例中第二十一条规定：“依照著作权法有关规定，使用可以不经著作权人许可的已经发表的作品的，不得影响该作品的正常使用，也不得不合理地损害著作权人的合法利益。”该条款是我们可以从一个层面了解到只要是权利人已经发表的作品，在使用时不影响该作品的正常使用，就有理由构成合理使用的情形。合理使用，是在一定条件之下，可以不经著作权人的许可、并且不必向其支付报酬而对作品所进行的使用。《与贸易有关的知识产权协议》第13条规定：各成员应当将对各种排他权的限制或例外局限于某些特殊情形，而且这些情形是与作品的正常利用不相冲突，不会不合理地损害权利持有人的合法利益的。《世界知识产权组织版权条约》第10条规定：（1）缔约各方在某些不与作品的正常使用相抵触、也不无理由地损害作者合法利益的特殊情况下，可在其国内立法中对依本条约授予文学和艺术作品作者的权利规定限制或例外。(2)缔约各方在适用《伯尔尼公约》时，应将对该公约所规定权利的任环限制或例外限于某些不与作品的正常利用相抵触、也不无理由地损害作者合法利益的特殊情况。通过上述条约的规定，归纳出“三步检验法”，即只能在特殊情况下做出、与作品的正常利用不相冲突，以及没有理由损害权利人合法利益的情况下，可以对著作权进行例外的限制。合理使用是对著作权的一种限制，其目的是在作品涉及的三方利益之间，即在作者的利益、利用该作品的使用人的利益以及广大社会公众的总体利益之间寻求一种公正合理的平衡。应当说“三步检验法”是我们制定合理使用的原则基础，但由于我国著作权法在制定合理使用规定的有限性，使得审判实践中一些行为没有被纳入该发的适用中，使得司法审判中的一些问题得不到有效的解决，所以人们就把“三步检验法”作为判断是否构成合理使用的判断标准。

本案中，被告网站上的使用行为，与原告使用行为目的一致，均为了推广宣传影视作品，符合原告的利益需求，两者目的相同、不相冲突；被告网站上的使用行为，对影视作品没有产生替代作用，没有损坏影视作品的利益，也不会损坏原告主张的享有权利的截图内容的利益。判定是否构成合理使用，还应当要考量被告网站的性质。被告网站是一个网络用户针对影视作品进行评论、交流的信息分享平台，该网站为网络用户所发布的内容提供信息存储空间，系信息网络存储空间服务提供者。其平台不涉及替代影视作品本身，因而不会对影视作品产生根本性的损害。如果我们对这类交流平台过于过重的苛求，不利于广大用户对影视作品的了解，以及对影视行业的监督、评价。因此，也不利于此类网站的生存，从而违背利益平衡原则。故，对于被告网站上的涉案使用行为，构成合理使用。

当然，也有观点认为，此案不必要适用“三步检验法”来判定合理使用，可以直接适用著作权法第二十二条第一款第（二）项的规定，“为介绍、评论某一作品或者说明某一问题，在作品中适当引用他人已经发表的作品；”。适用此条款的基础是使用者在其作品中使用他人已发表的作品，而此案中不存在使用中创作作品，是直接上传原告享有权利的截图内容，谈不上“引用”的情形。因而，不涉及原告的作品内容体现在使用者的作品中，而故不适宜适用该条款。

（林子英　作者单位：北京市朝阳区人民法院）

四、不正当竞争案件

BU ZHENG DANG JING ZHENG AN JIAN

22

大数据时代反不正当竞争法对用户信息的保护

——“脉脉”非法抓取使用“新浪微博”用户信息不正当竞争纠纷案

【案号】

一审：北京市海淀区人民法院（2015）海民（知）初字第12602号

二审：北京知识产权法院（2016）京73民终588号

【裁判要旨】

大数据时代，用户信息既是互联网经营者推进网络平台经营发展的基础，也是其分析整理用户需求并据以完善或开发产品和服务，提升用户体验的重要来源。因此，用户信息体现了互联网经营者重大的竞争利益；合法使用用户信息、注重用户信息保护是衡量经营者行为正当性的重要依据，也是反不正当竞争法保护消费者合法权益这一立法宗旨和目的的重要内容。本案中，被告经营的脉脉软件超出新浪微博开放平台接口权限及期限，大量抓取、使用新浪微博用户的职业、教育等信息，并非法获取、使用用户手机通讯录与新浪微博之间的对应关系，既损害了新浪微博经营者的合法权益，又危害到新浪微博平台用户的信息安全，构成不正当竞争。

【案情介绍】

原告北京微梦创科网络技术有限公司（简称微梦公司）诉称，微梦公司独立运营新浪微博。二被告北京淘友天下技术有限公司、北京淘友天下科技发展有限公司（共称淘友公司）共同运营脉脉软件。新浪微博与脉脉软件同属于社交类软件，二者存在竞争关系。微梦公司主张淘友公司通过脉脉软件实施了四项不正当竞争行为：第一，非法抓取、使用新浪微博平台用户信息，包括头像、名称（昵称）、职业信息、教育信息及用户自定义标签、用户发布的微博内容。第二，通过脉脉用户手机通讯录中联系人，非法获得、非法使用这些联系人与新浪微博用户的对应关系。第三，模仿新浪微博的加V认证机制及展现方式。第四，对微梦公司进行商业诋毁。淘友公司的不正当竞争行为造成新浪微博开放平台计划运营受阻，微博用户误认为微梦公司措施不当导致信息泄露，致使用户流失、活跃度下降，损害微梦公司声誉，直接影响微梦公司运营收入。故起诉请求判令淘友公司停止不正当竞争行为，刊登声明消除影响并赔偿经济损失1000万元及合理开支30万元。

淘友公司基于如下主要理由共同辩称：1. 淘友公司与微梦公司非同业竞争者，不存在竞争关系。2. 脉脉软件中的用户信息来源合法，未非法抓取新浪微博用户信息。3. 新浪微博及其他应用软件早已展示用户通讯录联系人手机号与新浪微博账号的对应关系。4. 淘友公司未抄袭新浪微博加V设计。5. 淘友公司未诋毁微梦公司商誉。

法院经审理后认为：

双方在对相关用户社交类信息的使用等方面存在竞争利益，具有竞争关系。关于淘友公司的行为是否对微梦公司构成不正当竞争，法院认定，淘友公司通过经营脉脉软件，要求用户注册脉脉账号时上传自己的手机通讯录联系人，从而非法获取这些联系人与新浪微博中相关用户的对应关系，在这些人未注册脉脉用户的情况下，将其个人信息作为脉脉用户的一度人脉予以展示，同时显示有这些人的新浪微博职业、教育等信息。而且，双方合作终止后，淘友公司没有及时删除从微梦公司获取的新浪微博用户头像、名称（昵称）、职业、教育、个人标签等信息，而是继续使用。淘友公司的上述行为，危害到新浪微博平台用户信息安全，损害了微梦公司的合法竞争利益，对微梦公司构成不正当竞争。同时，淘友公司发表的不当网络言论，对微梦公司构成商业诋毁。对微梦公司主张的淘友公司模仿新浪微博加

V认证机制及展现方式构成不正当竞争的诉讼请求，法院未予以支持。

北京市海淀区人民法院于2016年4月26日作出（2015）海民（知）初字第12602号民事判决：一、淘友公司停止涉案不正当竞争行为；二、淘友公司就涉案不正当竞争行为为微梦公司消除影响；三、淘友公司赔偿微梦公司经济损失2000000元及合理费用208998元；四、驳回微梦公司其他诉讼请求。宣判后，淘友公司向北京知识产权法院提起上诉。北京知识产权法院于2016年12月30日作出（2016）京73民终588号民事判决，驳回上诉，维持原判。

【法官评析】

本案是全国首例社交网络平台不正当竞争纠纷案，也是首例涉及互联网用户数据信息的不正当竞争纠纷案件，是将消费者权益保护作为判断经营者行为正当性依据的典型案件，亦涉及到了互联网经营者对用户数据的收集、利用、保护模式的评判，获得了社会各界的广泛关注。本案在判断互联网环境下经营者行为是否具有合法性和正当性的评判中，确立了以下裁判规则：

一、互联网经营者有权就未经许可使用其用户数据信息的行为主张权利

在互联网行业中，用户数量及用户信息已经成为决定互联网企业未来发展的重要因素之一，互联网企业的决策往往依赖于对用户数据的分析和预测，比如现如今广受关注的人工智能，其实现的基础亦是大量可靠的数据信息。可见，用户信息是互联网经营者重要的经营资源，用户信息的规模及质量在一定程度上反映了网络平台用户的活跃度，影响网络平台的吸引力，掌握更多用户信息，通常意味着拥有更大的用户规模。

对于互联网经营者而言，维护已有的用户并不断吸引新用户，才能够推进其网络平台的持续发展。同时，分析和整理其用户信息，根据用户信息挖掘用户需求，据以开发具有企业特色、个性化、精准度高的产品和服务，是网络经营者提高其用户体验的重要基础。因此，用户信息数据体现了互联网经营者重大的竞争优势和商业资源。互联网经营者有权就任何未经许可使用该用户信息数据的行为主张权利。

本案中，微梦公司经过多年经营，积累了数以亿计的新浪微博用户，月活跃用户数达到亿人次，平均日活跃用户数达到千万人次。上述用户信息是其拥有的非常重要的商业资源。微梦公司可利用这些宝贵的数据信息转化成商业价值，向第三方应用软件开放其接口即是转化方式之一。微梦公司制定了相关的开发者协议，使得能够在保护用户数据隐私的同时，亦可维护其企业自身的核心价值，充分利用其重要的用户数据商业资源。

淘友公司作为与微梦公司具有竞争关系的经营者，在双方合作期间超出许可范围抓取并使用新浪微博用户职业信息、教育信息，并在合作终止后较长一段时间内仍然使用来自新浪微博的用户信息作为脉脉软件中的非脉脉用户信息；非法获取并在脉脉软件中展示用户手机通讯录联系人与新浪微博用户的对应关系，展现大量非脉脉用户的新浪微博信息及好友关系的行为，已经损害了微梦公司的竞争优势和商业资源，破坏了互联网领域的公平有序的市场竞争秩序，构成了不正当竞争。

二、保护用户信息应作为经营者行为正当性的重要衡量标准

我国的《反不正当竞争法》第一条中明确了我国的反不正当竞争法的立法目的是为了制止不正当竞争行为，保护经营者和消费者的合法权益。由此可见，在市场竞争行为中，判断某一行为是否具备正当性，不仅应当考虑经营者的合法权益，还应当综合将消费者个人合法权益作为重要的衡量标准。值得一提的是，在 2017 年 11 月 4 日刚刚修订通过的将于 2018 年 1 月 1 日施行的《反不正当竞争法》第二条第二款中明确了“本法所称的不正当竞争行为，是指经营者在生产经营活动中，违反本法规定，扰乱市场竞争秩序，损害其他经营者或者消费者的合法权益的行为”。与现行的《反不正当竞争法》中相比，损害合法权益的主体增加了“消费者”，可见，随着市场的深化发展，在建立市场竞争秩序的立法规范中，损害消费者的合法权益已经明确成为经营者行为不正当性的判断标准。

而如前所述，用户及用户信息是重要的竞争优势和商业资源，用户的主体是消费者，用户信息获得适当保护是消费者个人合法权益的重要体现。用户有权在充分表达自由意志的情况下向他人提供自己的信息或不提供信息，也有权充分了解他人使用自己信息的方式、范围，并对不合理的用户信息使用行为予以拒绝。在互联网领域，商业化利用个人信息必须尊重用户隐私，告知用户并取得用户的同意，保障用户的知情权和自由选择权，这是互联网企业在利用用户信息时应当遵守的一般商业道德。在可能触及消费者利益时，应以保护消费者的利益为优先选择，任何未经用户的许可即采集、利用用户信息的行为违反了诚信原则和商业道德。

本案中，淘友公司的涉案行为显然没有将保护消费者利益，维护用户知情权和选择权作为优先考虑：仅因为脉脉用户在注册时上传了其个人的手机通讯录，则该与该手机通讯录联系人相关的新浪微博用户，包括非脉脉用户，都能在该脉脉用户的一度人脉中展现，甚至能提示哪些是共同好友。

上述对应关系的展现，明显未考虑用户权益，未告知用户，亦未获得用户的同意：一是淘友公司的服务协议中并没有向注册用户充分告知上传通讯录的要求和后果，也没有提供选择途径使得用户可以开放或关闭对应关系的展现；二是未考虑亦未尊重新浪微博用户对自己微博信息是否公开、如何公开的自主意愿，新浪微博用户在新浪微博上选择公开某些个人信息，并不代表其同意这些信息展现在脉脉软件上，无论是脉脉注册用户还是非注册用户；三是未向脉脉用户提供共同好友展示状态的选择。上述行为显然违反了诚信原则和商业道德。因此，保护用户信息，维护消费者合法权益，亦是衡量经营者行为正当性的重要依据。

本案的审理系结合《反不正当竞争法》第一条立法目的的条款基础上适用该法第二条一般条款，考虑消费者权益作为经营行为是否符合诚实信用、公认商业道德的判断依据，最终做出判决，亦与即将施行的修订后的《反不正当竞争法》第二条精神一致。

三、互联网经营者在收集、利用、提供用户信息数据时应遵循的原则

单个用户数据的商业价值可能很有限，但一旦单个用户数据被泄露，则可能涉及用户的“隐私权”问题，而对于互联网企业来说，整体的用户数据则具有更高的商业核心价值。现实中，互联网企业在经营活动中对用户信息的保护存在着普遍的缺陷，在本案中暴露无遗。通过本案审理，明确了互联网经营者在收集、利用、提供用户信息数据时应遵循的原则：

1. 互联网经营者在收集、利用用户数据信息时应当遵循合法、正当、必要的原则

我国《网络安全法》第二十二条规定：“网络产品、服务具有收集用户信息功能的，其提供者应当向用户明示并取得同意，涉及用户个人信息的，还应当遵守本法和有关法律、行政法规关于个人信息保护的规定。”第四十一条规定：“网络运营者收集、使用个人信息，应当遵循合法、正当、必要的原则，公开收集、使用规则，明示收集、使用信息的目的、方式和范围，并经被收集者同意。网络运营者不得收集与其提供的服务无关的个人信息，不得违反法律、行政法规的规定和双方的约定收集、使用个人信息，并应当依照法律、行政法规的规定和与用户的约定，处理其保存的个人信息。”我国消费者权益保护法第二十九条也有类似的规定。通过上述规定可知，互联网中的经营者对用户个人信息的采集和利用必须符合的要件有：（1）用户同意；（2）明示收集使用的目的、方式、范围；（3）必要数据，即不得收集与其服务无关的个人信息。

本案中，淘友公司的使用行为显然违反了上述要件：根据双方的开发者协议的约定，淘友公司在获取用户职业信息、教育信息的数据时并未取得用户的同意，更谈不上明示用户使用该数据的目的、方式和范围。这显然违反了与微梦公司的协议内容，同时也没有尊重用户的知情权和选择权。淘友公司在本案中的抗辩理由还提到，其搜集用户的职业信息和教育信息系属于为了应用程序运行及功能实现目的而必要的用户数据。在判断何种数据系“必要数据”时，既要看双方合作协议约定，也要分析数据本身的性质。用户职业信息、教育信息具有较强的用户个人特色，不论对于

新浪微博，还是脉脉软件，都不属于为程序运行和实现功能目的的必要信息，而是需要经营者在经营活动中付出努力，挖掘并积累的用户资源中的重要内容。另外，头像、昵称、职业、教育、标签等用户信息的完整使用能刻画出用户个人的生活、学习、工作等基本状态和需求，显然不属于“必要数据”。而淘友公司明知其所获得的接口权限应为需要授权的高级接口，仍通过抓取获得相应信息，其行为实难属正当。

2. 互联网经营者应采取安全有效措施保护用户数据信息，尽到管理义务

我国《网络安全法》第四十条规定：“网络运营者应当对其收集的用户信息严格保密，并建立健全用户信息保护制度。”可见，互联网经营者有义务保护用户个人信息并对此采取有效措施、建立相关制度。

现实中，掌握有大量用户信息的互联网平台经营者，对于其自身的用户信息保护缺乏相对成熟完善的规范要求、安全使用措施和技术保障能力。本案中，微梦公司作为拥有5亿注册用户的上市公司，多年经营新浪微博，向众多第三方应用软件提供OpenAPI接口，但对于其庞大的用户数据信息却缺乏安全有效的管理措施和完善的规范要求，在本案中暴露出其对用户隐私数据保护措施不到位、后台数据的管理、监测和记录不规范的情形。

对此，二审法院在本案中倡议网络运营者应履行的管理义务包括：（1）制定内部数据信息安全管理制度和操作规程，确定网络安全负责人，落实网络数据信息安全保护责任；（2）采取防范计算机病毒和网络攻击、网络侵入等危害网络数据信息安全行为的技术措施；（3）采取监测、记录网络运行状态、网络安全事件的技术措施，并按照规定留存相关的网络日志；（4）采取数据分类、重要数据备份和加密等措施；（5）制定网络安全事件应急预案，及时处置系统漏洞、计算机病毒、网络攻击、网络侵入等安全风险。上述内容亦与我国《网络安全法》第二十一条对于网络运营者应履行的安全保护义务的规定相符。

四、互联网环境下的行业惯例应强调必要性

本案中，淘友公司提出了脉脉注册用户手机通讯录联系人手机号与新

浪微博用户信息形成对应关系属于行业惯例的抗辩意见。对此，需界定行业惯例。我们注意到，互联网行业的高效、快捷、从众特点，“其兴勃焉，其亡乎焉”已不鲜见，某些规则和交易行为容易在短时间内被大量用户接受，仅以受众规模来判断一项规则成为行业惯例是不够的。因为，同样的，这样的规则也可能出于各种原因迅速消失。要成为行业惯例，通常应满足为实现产品或服务的必要功能并被该行业经营者普遍采用的情形。互联网环境相较于传统行业，更加强调产品或服务的功能性，因此，“必要功能”的掌握标准应当更加严格。

通过比较市场上的大部分社交应用软件的设置，不论对其用户作何种分类，采取何种方案展示用户之间的联系，都基本遵循在应用软件中展示注册用户相关信息的规则，不体现非注册用户信息。加之淘友公司承认上述对应关系的展示是为了引导脉脉用户邀请新浪微博用户加入脉脉，该对应行为显然属于为脉脉软件增加用户规模的市场行为，非必要的功能性设置。

鉴于互联网平台或应用软件和用户之间的格式合同通常设置各种单方利益条款，条款表述又通常晦涩难懂、阅读不便，甚至被设置成接受相关产品或服务无法跳过的确认环节。对于此类条款，需要判断是否属于网络服务正常开展的必要行为，如果并非必要，则要结合合同法关于对合同格式条款的解释规则，作出不利于经营者的解释。因此，即便脉脉用户进行注册时做出了同意淘友公司使用其通讯录联系人的意思表示，亦不能简单视为其系第三方软件获取用户信息的行业惯例。

结语

随着互联网的深化发展，在充分保障用户个人隐私权、知情权和自由选择权的基础上，有效地发挥个人信息数据的最大价值，尊重消费者的合法权益，维护公平、有序、合理的互联网竞争环境，需要各方互联网经营者共同努力。

（李莉莎　作者单位：北京市海淀区人民法院知识产权庭）

23

商业诋毁行为的法律问题分析

——三明鱼网网络科技有限公司与三明市芭乐网文化传媒有限公司、廖某等商业诋毁纠纷案

【案号】

一审：福建省三明市中级人民法院（2016）闽04民初45号

二审：福建省高级人民法院（2017）闽民终329号

【裁判要旨】

经营者针对竞争对手的营业活动、商品或者服务，通过捏造、散布（公开）虚伪事实或虚假信息，对竞争对手的商业信誉和商品声誉进行贬低和诋毁，以削弱其市场竞争能力，为自己谋取竞争优势地位及不当利益的行为可以认定构成商业诋毁行为。

【案情介绍】

三明鱼网网络科技有限公司（下称鱼网公司）与三明市芭乐网文化传媒有限公司（下称芭乐网公司）的经营范围均涵盖计算机软件开发、代理和发布国内各类广告等。两家公司都建立了网站，属网络信息及服务的综合提供商。经查，芭乐网公司及其法定代表人廖某在其经营管理的芭乐网及三明芭乐网微信公众号上和廖某个人的微信号上发布涉案文章《让三明人评评理，这样的商业竞争卑劣吗?》、《呼唤三明正义　坚信文明力量》，指出了鱼网公司对芭乐网公司实施了如下行为：到税务查账，看芭乐网2015年交了多少税；去工商举报芭乐网公司疏漏的地方；将自己的logo直

接覆盖在芭乐网公司探得美食店上贴的芭乐网的logo；专门针对芭乐网的商家去谈，威胁商家不要和芭乐网合作；挖掘芭乐网的员工，打算瓦解芭乐网的团队；折弯芭乐网老总的车牌。上述表述一定程度上会使公众对鱼网公司产生负面评价。另外，芭乐网公司在涉案文章中使用具有感情色彩的词语及带有一定丑化含义的表述：当芭乐网在不断扩大影响力的时候，三明＊网开始坐不住了，开始了一系列的打压；但＊网接下来做的这些事情，真是让人感觉有这样的同行对手，感到可耻；试问你先开的起比我们更高档的车再嘲笑吧；某网霸道到各有关部门啊，厉害；多么的卑劣!!!如果你贴旁边还说没事。你这样覆盖和撕别人的，真做的出来!! 这个时候你们不站出来说话，等到你们也出现这样的败类同行；感谢“三条咸鱼网的小人们”。鱼网公司遂以芭乐网公司、廖某捏造虚假事实，贬损商誉，构成商业诋毁为由提起诉讼。要求芭乐网公司及廖某承担相应责任。

芭乐网公司则反诉称鱼网公司对其采取了一些不正当竞争手段，意图实现打压、排挤的目的。鱼网公司的不正当竞争行为有：1. 恶意强制覆盖其在相关场所和物件上的芭乐网广告标贴。2. 强制撕毁、毁坏其在客户店门上的芭乐网广告标贴。芭乐网公司认为，鱼网公司的上述行为严重违反了《中华人民共和国反不正当竞争法》的相关规定，损害其合法权益及市场竞争秩序，已经构成不正当竞争，应当承担相应的法律责任。

一审法院经审理认为，涉案的《让三明人评评理，这样的商业竞争手段卑劣吗》以及《呼唤三明正义　坚信文明力量》两篇文章系芭乐网公司及廖某发布或转发，文章指向对象亦为鱼网公司。但法院认为芭乐网公司及廖某发布言论虽有不当，但在侵权内容和损害后果上尚未达到商业诋毁程度，不构成诋毁。故判决驳回鱼网公司诉讼请求。关于芭乐网公司的反诉，法院认为，鱼网公司撕毁并覆盖芭乐网公司广告标贴的行为，虽然违反公平竞争原则，有悖于公认的商业道德，具有不正当竞争的性质，但尚未达到严重危害程度，且未包含在《中华人民共和国反不正当竞争法》规定的十一种不正当竞争行为中，故不构成不正当竞争，对芭乐网公司的反诉请求亦判决驳回。

鱼网公司不服原审判决，提起上诉。福建省高级人民法院经审理后认为，芭乐网公司与鱼网公司属同业竞争者。芭乐网公司及廖某发布的涉案文章对鱼网公司的营业活动进行贬损，内容为虚假陈述，客观上已经造成鱼网公司商誉受损，构成商业诋毁。廖某为芭乐网公司法定代表人，相关行为由芭乐网公司承担法律后果。故改判芭乐网公司侵权成立，承担停止侵权、赔偿损失等法律责任。

【法官评析】

商业诋毁纠纷案件由于缺乏配套的司法解释，属于不正当竞争纠纷案件中审理难度较大的案件。在该类案件的审理中如涉及商业诋毁行为的构成要件分析、抗辩理由审查和民事责任承担及如何进行利益平衡等等都存在一定的争议。本案的裁判思路和判决结果对同类案件具有一定的参考意义。

一、商业诋毁行为的法律概念。现有的法律规定，并没有对商业诋毁概念有明确的定义。只是在《反不正当竞争法》中通过对行为的禁止性规定进行界定。该法第十四条（下称反法第十四条）规定，经营者不得捏造、散布虚伪事实，损害竞争对手的商业信誉、商品声誉。该条规定采用的是一般条款，属于相当原则的概括性规定，且并未对商业诋毁行为的具体表现形式进行列举式规定。学界对商业诋毁行为的概念一般界定为：商业诋毁行为是指经营者通过捏造、散布（公开）虚伪事实或虚假信息，对竞争对手的商业信誉和商品声誉进行贬低和诋毁，以削弱其市场竞争能力，为自己谋取竞争优势地位及不当利益的行为。最高人民法院在“腾讯QQ”不正当竞争案中二审认为，商业诋毁行为是指经营者针对竞争对手的营业活动、商品或者服务进行虚假陈述而损害其商品声誉或者商业信誉的行为。比较上述两种对商业诋毁行为的概念界定，在核心要素上均涉及两点，即虚假信息和损害商品声誉、商业信誉。

二、商业诋毁行为的表现形式。商业诋毁的表现形式多种多样，既有传统经济模式下的商业诋毁行为，也有近年来随着互联网经济的发展而衍生出的新的商业诋毁形式。主要集中在以下几种：一是直接散布诋毁竞争对手的虚假信息。如通过发布声明性广告、公开信、召开新闻发布会等方式制造、散布损害被诋毁者的商业信誉、商品声誉的虚假信息。笔者认为，此处的虚假信息并不限于完全不存在的事实。虚假事实和其他引人误解的事实只要具有诋毁性后果，就应一视同仁地对待。对“虚伪事实”作较为宽泛的解释，更符合立法本意，也有利于防止对于法律规定的规避；第二种是进行对比性宣传。典型表现形式就是通过对自身的夸大、不实宣传，并对竞争对手直接点名诋毁；第三种是向相关行政执法部门和新闻媒体、行业协会等进行不实举报和投诉；第四种是对尚未有结果的争议擅自发表结论性、误导性意见；第五种是新类型的涉网络商业诋毁。此类行为往往需要借助技术手段进行判断分析。

三、商业诋毁行为的构成要件。根据反不正当竞争法第十四条规定和上述最高法院案件的观点，构成商业诋毁须满足三个法律要件：即经营者之间存在竞争关系、出于不正当竞争目的实施了诋毁行为并造成了损害后果。关于要件一即竞争关系。市场中的竞争关系包括广义和狭义。笔者同意在区分狭义和广义的竞争关系基础上对反不正当竞争法一般应做广义的理解。因为对竞争关系作广义的理解，也是与反不正当竞争法的国际发展背景相互参照或者密切相关的。对于从消费市场表面来看，经营者之间虽然不具有同业竞争关系，但如果竞争关系是隐性存在的，涉及交易机会的获取问题，具体情况具体分析，也是可以认定存在竞争关系的。关于要件二即主观、客观要件。笔者认为，分析商业诋毁行为是否成立，还是要从主客观相统一的要件上进行综合分析。竞争者实施了商业诋毁行为，本质目的还在于通过降低、损坏竞争对手的商业信誉，来达到提高自身竞争力，抢占市场份额的愿望。当然，关键还在于客观要件，因为认定是否存在主观过错，还是要从客观到主观的分析。客观方面。实践中，商业诋毁行为的表现形式多种多样，一些直接的、直观的行为易于判断，有些行为比较隐蔽，则需要具体情况具体分析。客观要件上，虚假事实是核心内容。从条文的字面上来看，基础要件是所宣传的内容必须是虚假的。但实践中，一些案件对条文作了扩大化解释，即认为对虚伪事实的理解，不仅要审查相关信息的真实性，还要审查如果信息真实，但其宣传结果是否会使消费者对他人的商品产生一种虚假认识，由此来确定该宣传行为是否构成第十四条所称的不正当竞争行为。要件三即损害后果。通过实施商业诋毁行为，损害竞争者商誉和声誉，削弱竞争对手的市场竞争能力。

具体到本案，法院经审查认为，鱼网公司与芭乐网公司均属为从事网络服务的经营主体，两公司的注册地均为三明市梅列区，所经营的网站的辐射地区和网络用户亦主要集中在三明地区，故两公司的经营范围和网络用户群体之间均存在交叉冲突。因此，可以认定鱼网公司与芭乐网公司属于存在直接竞争关系的经营主体。芭乐网公司、廖某在文章中所提及鱼网公司在营业活动中实施的行为并无证据佐证，应认定属于虚假陈述。芭乐网公司、廖某所发布文章中的虚假陈述大部分内容是直接针对鱼网公司的营业活动所进行的诋毁、贬损。这种对虚伪事实进行散布，对特定竞争对手进行贬损的行为显然会使鱼网公司的商业信誉在一定范围内受到负面影响，使鱼网公司在相关公众特别是网络用户中的正面评价值降低。而这种负面影响，足以使鱼网公司这种主要靠网络浏览量来吸引广告客户的网络服务经营者的关注度降低，导致其市场竞争能力被削弱。而芭乐网公司则可以借此不正当竞争行为获得竞争优势地位及不当利益。综上分析，应当认定芭乐网公司的行为已经构成对鱼网公司的商业诋毁，依法应承担相应的法律责任。一审判决适用法律不当，应予纠正。而反观鱼网公司撕毁并覆盖芭乐网公司广告标贴的行为，虽有不当并违背商业道德，但并不会构成对芭乐网公司商业信誉的损害，显然不符合商业诋毁行为的构成要件。故法院对芭乐网公司的反诉请求不予支持。

四、商业诋毁案件中的抗辩理由审查。商业诋毁案件中被告的抗辩理由主要有以下几种：一是言论自由抗辩，如果不是公开的，大范围的散布，向国家机关，执法部门进行举报，只要大部分是事实，即不应认定构成商业诋毁。如在一些涉及食品、医疗器械等人身安全的行业，如果发现同行业的产品存在严重安全隐患，任何一家同行企业都有责任有义务向有关方面反映情况，这是社会责任。至于反映情况后是不是有结论，那应另当别论。二是主观善意抗辩。三是宣传内容真实度问题。处理这个问题时，并非简单的对宣传的内容中真实和虚假内容进行比例计算的问题，在审核上也无固定或者机械的标准。重点还是应当结合案件的具体情况，具体分析。

五、商业诋毁行为民事责任承担问题。商业诋毁行为虽然是一种不正当竞争行为，但本质上仍然是一种民事侵权行为。按照《侵权责任法》的相关规定，承担责任的主要方式就是停止侵权、赔偿损失。实践中存在争议的是其他责任方式的适用。也就是能否适用经济责任以外的其他民事责任，如赔礼道歉，消除影响等。笔者认为，商业诋毁与其他知识产权侵权行为仍然存在一定的区别，与商标侵权等主要造成消费者混淆误认，挤占权利人市场份额存在区别，是对企业的商业信誉和商品声誉构成直接威胁和损害。而商业信誉和商品声誉是经营者通过长期经营所累积下来的，包含了经营者的智力付出和人力付出，具有人身权和财产权的双重属性，在侵权行为主观恶意明显，侵权后果严重的情况下，可以个案考虑适用赔礼道歉和消除影响的民事责任。上述“腾讯 QQ”不正当竞争案中。在认定被告构成商业诋毁的情况下，一审法院就判决被告除了赔偿原告经济损失外，还需要承担赔礼道歉、消除影响的民事责任。该案已经最高法院二审维持原判。可见，商业诋毁案件中适用赔礼道歉等非经济民事责任已有成例。当然，赔礼道歉和消除影响不一定同时适用，视情而定，赔礼道歉的适用应更严格些。

（蔡伟、欧群山　作者单位：福建省高级人民法院知识产权审判庭）

24

电影作品中美术作品著作权权利保护期认定；超过著作权权利保护期的电影作品是否属于反不正当竞争法规定的“商品”？

——上海美术电影制片厂有限公司侵害著作权、不正当竞争纠纷案

【案号】

一审：湖北省武汉市中级人民法院（2016）鄂01民初2010号

二审：湖北省高级人民法院（2017）鄂民终71号

【裁判要旨】

在当事人主张法人和自然人均为美术作品作者的情况下，认定该美术作品是否超过著作权权利保护期，需要结合案件实际情况进行综合分析。该案中，法院立足于涉案电影作品、美术作品的创作过程、创作背景、历史条件等，根据著作权法的相关法律规定，结合涉案电影作品与美术作品的关系、美术作品作者之一的死亡时间及作品发表时间，最终认定该电影作品、美术作品的著作财产权已经超过了著作权法规定的保护期。在确定电影作品及电影作品中的动画形象是否属于反不正当竞争法规定的“商品”问题，法院依据前述认定，立足于“商品”一词汉语理解，认定已经超过著作权权利保护期的电影作品不属于反不正当竞争法规定的“商品”。该案从著作权法到反不正当竞争法，通盘考虑作品的性质、作品作者、作品发表时间以及“知名商品”的综合判定方法，对如何确定作品著作权权利保护期及超过著作权权利保护期的作品是否受到反不正当竞争法的保护，具有一定的借鉴意义。

【案情介绍】

上海美术电影制片厂有限公司（以下简称美影厂）组织人员分别于1961年、1964年创作完成电影作品《大闹天宫》上、下集，该电影作品的美术设计署名为张光宇、张正宇。该电影作品于1962年获得捷克斯洛伐克第十三届卡罗维发利国际电影节的“短片特别奖”。该电影作品中出现了大量的“孙悟空”美术形象。2016年2月1日，美影厂委托的律师事务所到公证处保全证据。公证过程显示：武汉新金珠宝首饰有限公司（以下简称新金公司）在其“天猫”上的“新金旗舰店”的网店中，对“2016猴年贺岁金钞”的商品进行了广告宣传，并配有“孙悟空”形象摆出数种动作的美术图案。且美影厂购买了该“2016猴年贺岁金钞”。

美影厂认为美影厂、张光宇、张正宇均为“孙悟空”美术作品的作者，该作品仍在著作权法规定的权利保护期内。新金公司的广告、销售行为侵犯了美影厂享有的著作权，应当承担民事责任。另依据反不正当竞争法的规定，电影作品《大闹天宫》和“美猴王”形象构成“知名商品”，新金公司的行为还构成不正当竞争。

一审法院认为，美影厂享有电影作品《大闹天宫》及“孙悟空”美术作品的著作权，电影作品《大闹天宫》1962年获奖，可认定1962年为电影作品《大闹天宫》及“孙悟空”美术作品的发表日期，依据该日期，电影作品《大闹天宫》及“孙悟空”美术作品均已超过著作权法规定的权利保护期，故不受著作权法的保护。对于不正当竞争这一部分，一审法院认为，以技术手段承载电影作品《大闹天宫》及相关美术图案内容的光盘等音像出版物才属于商品，由于被控侵权产品是“2016猴年贺岁金钞”，与电影作品《大闹天宫》的音像出版物并非相同也非类似商品，故不构成不正当竞争。据此，驳回了美影厂的诉讼请求。

二审法院认为，美影厂主张张正宇为“孙悟空”美术作品的作者，但无相关证据予以证明。从电影作品《大闹天宫》、“孙悟空”美术作品的发表日期、张光宇的死亡时间可以认定该电影作品、美术作品超过了著作权法规定的保护期。既然电影作品《大闹天宫》超过了著作权法规定的保护期，那么该电影作品本身具有的价值已经消亡，公众可以通过合法途径无偿使用该电影作品，其仅具有使用价值，失去了商品应有的价值，不构成市场上买卖的物品，故电影作品《大闹天宫》不属于商品，也就更不属于知名商品。而“美猴王”形象作为电影作品《大闹天宫》的一部分，亦不属于商品，即便该形象具有较高的商业价值，也不影响其本身不属于反不正当竞争法规定的知名商品的认定。据此，二审法院维持了一审判决。

【法官评析】

对于著作权法这一部分，著作权法规定了法人享有的职务作品，依据该作品的发表时间确定其权利保护期，合作作品则依据最后死亡作者的死亡时间来确定其权利保护期。由于涉案作品创作时间过长及特殊的历史背景，且美影厂主张法人及自然人均为作品的作者，判断该作品的著作权权利是否已过保护期，须从其作品发表时间和最后死亡作者的死亡时间两方面综合予以考量。

首先，从美影厂提供的证据来看，仅有电影作品《大闹天宫》光盘外包装载明的美术设计者及张光宇、张正宇百度人物介绍，能否认定电影作品《大闹天宫》的美术设计者张正宇为“孙悟空”美术作品的作者。二审法院立足于大的时代背景，认为在无直接证据可以证明张正宇与“孙悟空”美术作品的关系，且无相关出版物、底稿、权利登记证书等证据予以佐证的情形下，不能认定张正宇为“孙悟空”美术作品的作者，也就不能依据张正宇的死亡时间来确定“孙悟空”美术作品的著作权权利保护期。至于张光宇，即使其是“孙悟空”美术作品的作者，依据张光宇的死亡时间，“孙悟空”美术作品已经超过了著作权法规定的保护期。

其次，对于涉案作品，由于创作时间所处的时代背景和历史条件具有一定的特殊性，因此确定其作者，不能仅仅拘泥于证据的认定，还要考虑到创作的时代性。根据相关证据，可以认定美影厂是“孙悟空”美术作品的作者或作者之一。在此情形下，确定其著作权权利保护期关键在于认定“孙悟空”美术作品的发表时间。美影厂认可电影作品《大闹天宫》于1962年获捷克斯洛伐克第十三届卡罗维发利国际电影节的“短片特别奖”，但认为影片仅针对特定的人群即评委观看。认定一个作品是否“发表”，关键在于是否“公之于众”，作为司法实践中认定自由裁量权比较难以把握的一个问题，应统筹考虑电影作品《大闹天宫》参选后，公众能否通过其他方式观看到此电影作品，对于该点，美影厂无法提供证据予以反驳，且美影厂认可的其他证据中也载明了电影作品《大闹天宫》的发表时间，因此，可以认定电影作品《大闹天宫》的发表时间为1962年，“孙悟空”美术作品作为电影作品《大闹天宫》的一部分，也随之公之于众。依据该时间计算，“孙悟空”美术作品已经超过了著作权法规定的保护期。

综上，二审法院在全面分析涉案作品的作者、作品发表时间，判定该作品的著作财产权已超过了著作权法规定的保护期。

对于反不正当竞争法这一部分，美影厂主张电影作品《大闹天宫》及其中的“美猴王”形象均属于“知名商品”。判断是否属于反不正当竞争法的“知名商品”，是实践中的难点，具体到该案，由于法院已经认定电影作品《大闹天宫》的著作财产权已经超过了著作权法规定的保护期，那么认定是否属于“知名商品”，思路要与其他案件不一样，应该首先从最基础的来考虑，即电影作品《大闹天宫》及其中的“美猴王”形象是否属于“商品”。从《现代汉语词典》中“商品”一词的含义为立足点，电影作品若要构成商品，必须兼具使用价值和价值，而超过了著作权法规定的保护期的电影作品本身具有的价值已经消亡，公众可以通过合法途径无偿使用该电影作品，因此，不构成市场上买卖的物品，电影作品《大闹天宫》不属于商品，也就更不属于知名商品。而“美猴王”形象作为电影作品《大闹天宫》的一部分，亦不属于商品，即便该形象具有较高的商业价值，也不影响其本身不属于反不正当竞争法规定的知名商品的认定。

综上，二审法院从“商品”应有的属性来分析，结合著作权法和不正当竞争法，认定电影作品《大闹天宫》和“美猴王”形象均不构成反不正当竞争法的知名商品，并否认了一审法院认为“只有光盘等音像出版物才属于商品的错误认识”。

（冯雅婧　作者单位：湖北省高级人民法院）

25

商业诋毁行为的认定

——南京途牛科技有限公司诉同程网络科技股份有限公司不正当竞争纠纷案

【案号】

一审：江苏省南京市中级人民法院（2015）宁知民初字第13号

二审：江苏省高级人民法院（2016）苏民终675号

【裁判要旨】

正当的市场竞争是经营者通过必要的付出而进行的诚实竞争，必须以不侵犯他人合法权益为边界。认定是否构成商业诋毁，其根本要件在于相关经营者的行为是否以误导方式对竞争对手的商业信誉或商品声誉造成了损害。

【案情介绍】

南京途牛科技有限公司（以下简称途牛公司）成立于2006年12月18日，其旗下的途牛旅游网提供在线旅游服务，包括全国64个城市出发的旅游产品预订服务，还提供跟团游、自助游、自驾游及出境游等多种旅游产品。

同程网络科技股份有限公司（以下简称同程公司）成立于2004年3月10日，其创建的同程旅游网为国内电子旅游商务平台，提供出境游、国内游、酒店预订等旅游服务。

同程公司在其微信公众号、手机APP及公司网站分别推出“屠牛行动、每日一图，牛魔王滚出西游记”、“屠牛行动、每日一图，冤大头才花冤枉钱”，并配以揪牛耳、拳击牛魔王等系列图案，同时赋词如：“妖言惑众牛魔王，花样百出爱浮夸！联合众神齐撒网，束手就擒莫挣扎”、“空话牛话一箩筐，优惠分毫都不让”等宣传文案；其微信公众号还发布“有啥好牛”、“别牛”主题系列图片，配以“To某牛，没有同样低价，至少比你再低100！”、“爆牛放血”等广告宣传语。

途牛公司提交的公证书还显示，途牛公司的委托代理人使用公证处电话拨打同程网客服电话进行通话，询问在其广告中所称某牛指哪家，同程网客服答复：应该是途牛。

途牛公司主张同程公司的上述行为，违背基本的商业道德和诚信原则，严重侵害了途牛公司的商业信誉、商品声誉，并给途牛公司造成了重大经济损失。请求判令同程公司停止侵犯途牛公司权益的不正当竞争行为；赔礼道歉、消除影响；赔偿经济损失200万元等。

同程公司辩称，其未利用广告或其他方法，对商品质量等作引人误解的虚假宣传，亦未捏造、散布虚假事实损害途牛公司的商业信誉，其行为不构成对途牛公司商业诋毁的不正当竞争行为。

一审法院认为：

本案中，途牛公司与同程公司同属在线旅游服务提供商，其业务范围均有网络在线旅游服务业务，两者具有商业竞争关系。同程公司在其微信公众号、手机APP及公司网站分别推出“屠牛行动、每日一图，牛魔王滚出西游记”、“屠牛行动、每日一图，冤大头才花冤枉钱”，并配以揪牛耳、拳击牛魔王等系列图案，同时赋词如：“妖言惑众牛魔王，花样百出爱浮夸！联合众神齐撒网，束手就擒莫挣扎”、“空话牛话一箩筐，优惠分毫都不让”等宣传文案；其微信公众号还发布“有啥好牛”、“别牛”主题系列图片，配以“To 某牛，没有同样低价，至少比你再低100！”、“爆牛放血”等广告宣传语。上述以“牛魔王”为素材创作的系列图案，单纯从作品角度而言，并不妨害他人，但由于双方当事人具有商业竞争关系，同程公司将以上系列图片配以“屠牛”、“爆牛”及相应文字置于微信公众号、手机APP及其公司网站等特定场所，通过明示或暗示语言指向竞争对手，进行广告宣传，易使相关公众对上述图案产生联系及想象。同程公司的上述行为，以明显夸张的方式达到丑化竞争对手的商业形象，并通过对比宣传诋毁竞争对手，进行恶意竞争，损害竞争对手的商业信誉、商品声誉，导致途牛公司客户的流失，进而导致途牛公司市场份额减损。同程公司的行为违反了《中华人民共和国反不正当竞争法》第九条、第十四条的规定，属于散布虚伪事实、损害竞争对手的商业信誉的不正当竞争行为，应承担相应的民事责任。

同程公司认为其使用“屠牛”、“爆牛”文字系网络用语，并非针对途牛公司，没有贬低途牛公司之意，不构成不正当竞争。法院认为，语言始终随社会生活的变化而发展变化，在网络环境下亦如此。单个“屠”与“爆”字并无褒贬之分，但不同的语境会赋予其不同的含义。就本案而言，双方当事人系同业竞争关系，同程公司使用“屠牛”、“爆牛”字样，并配以丑化、攻击牛魔王的图文，在特定语境下，使相关公众轻易联系到其竞争对手。特别是同程公司利用“屠牛”与“途牛”的谐音，影射竞争对手。

同程公司还认为其没有捏造、散布虚伪事实诋毁途牛公司；未利用广告或其他方式，对商品质量作引人误解的虚假宣传。法院认为，捏造一般指无中生有，同程公司虽没捏造虚假事实，但在其广告、图文中，以夸张手法、通过片面、对比的宣传方式，使消费者或相关公众对途牛公司产品或服务产生一种“虚假”认识，足以引起相关公众的误解，引起途牛公司的社会评价减损，由此产生损害竞争对手的后果，致途牛公司商业信誉、商品声誉受到损害，构成商业诋毁。

关于赔偿损失的数额，一审法院综合考虑：1. 途牛公司的知名度；2. 同程公司侵权行为性质、时间和造成的影响；3. 途牛公司为制止同程公司侵权行为支出的合理费用等因素，确定同城公司赔偿途牛公司经济损失及为制止侵权行为支出的合理费用共计100万元。途牛公司还要求同程公司在国家级媒体刊登致歉声明，以消除影响。一审法院认为，作为民事责任形式的赔礼道歉、消除影响，其适用范围有特定要求，一般应适用于涉及侵犯他人人身权或商誉等场合。由于双方当事人均系企业法人，而商誉是企业法人的财产性权利，赔礼道歉不属于不正当竞争纠纷诉讼案件侵权人应承担的民事责任方式，故途牛公司该诉讼请求缺乏法律依据，不予支持。据此，一审法院判决：一、同程公司立即停止侵犯途牛公司权益的不正当竞争行为；二、同程公司自判决生效之日起十日内赔偿途牛公司经济损失及为制止侵权行为支出的合理费用共计100万元；三、驳回途牛公司的其他诉讼请求。一审案件受理费22800元，由同程公司负担。

途牛公司、同程公司均不服一审判决，向江苏高院提起上诉。

途牛公司上诉请求：改判一审判决，支持其一审全部诉讼请求。具体事实和理由：1. 途牛公司一审阶段提交了艾瑞咨询集团出具的2015年《中国在线旅游度假行业研究报告》、两份网络证据即扬子晚报网和网易刊载的两则新闻、同程公司在公共场所投放广告的照片，在途牛公司没有提交相反证据的情况下，上述证据应被采纳，但一审判决却未采纳，在事实认定上存在错误。2. 同程公司通过网络和线下多种途径，对途牛公司进行了商业诋毁，同程公司应当承担赔礼道歉、消除影响的法律责任。3. 途牛公司关于赔偿损失及合理费用的诉请合理，应全额支持。

同程公司上诉请求：撤销一审判决，改判驳回途牛公司的全部诉讼请求或发回重审，由途牛公司承担本案的全部诉讼费用。具体事实和理由：1. 同程公司的宣传行为并不会使相关公众误解为指向途牛公司，其没有针对途牛公司进行片面的宣传或者对比，也没有捏造虚伪事实针对途牛公司进行商业诋毁，其行为不构成不正当竞争。2. 一审判决确定的赔偿数额缺乏事实和法律依据。

二审期间，途牛公司提交了一组新证据：1. 途牛旅游网载“九大出游保障”；2. 泡泡网载“途牛 Q3 解析：高速扩展服务中心已达 50 个”；3. WIFI 共享专家网载“途牛业内首推 0 元 Wi－Fi”；4. 网易新闻“途牛以旅游＋金融助力发展供应链”，以上证据证明途牛公司的特色产品和服务，以佐证同程公司的侵权行为系指向途牛公司。

二审法院认为：

一、同程公司的涉案行为构成不正当竞争

首先，关于同程公司称其涉案行为系针对行业内存在的问题，而非具体指向途牛公司的上诉理由。法院认为，其一，同程公司与途牛公司均属知名度较高的在线旅游服务提供商，同程公司在宣传中大量使用“牛”的图案、“屠牛行动”等用语，而途牛公司的字号为“途牛”，结合途牛公司的行业地位、字号的知名度以及与同程公司的竞争关系，很容易使相关公众联想到该宣传具体指向途牛公司。其二，同程公司在微信公众号中宣称“九大保障？有啥好牛！”、“服务中心 50 家？有啥好牛！”、“0 元 Wi－Fi？有啥好牛！”、“旅游金融？有啥好牛！”等，而“九大保障”、“服务中心 50 家”、“0 元 Wi－Fi”、“旅游金融”等均系途牛公司的主要产品和特色服务。其三，途牛公司与同程公司客服人员的电话录音，也一定程度上印证了同程公司的行为直接指向途牛公司。综上，同程公司的上述行为很容易使相关公众联想到途牛公司，具有明确的指向。

其次，关于同程公司称其并未针对途牛公司进行片面的宣传或者对比，也没有捏造虚伪事实进行商业诋毁的上诉理由。法院认为，经营者在市场交易中，应当遵循自愿、平等、公平、诚实信用的原则，遵守公认的商业道德。自由竞争能够确保市场资源优化配置，但市场经济同时要求竞争公平、正当、有序。本案中，同程公司的宣传内容指向途牛公司，在贬损途牛公司服务和商誉的同时，片面、夸张地宣传自己的服务，即进行所谓的“对比宣传”，且用语言辞激烈、图案夸张，甚至含有暴力的内容，其行为明显超出正当宣传、合法竞争的边界。至于同程公司辩称其并未捏造虚伪事实，法院认为判定是否构成商业诋毁，其根本要件在于相关经营者的行为是否以误导方式对竞争对手的商业信誉或者商品声誉造成了损害。本案中，同程公司的行为足以导致相关公众对于途牛公司的产品和服务产生错误认识，亦必将对途牛公司的商誉产生负面影响。据此，一审判决同程公司实施了虚假宣传和商业诋毁行为，构成不正当竞争，并无不当。

二、同程公司应承担相应的民事责任

同程公司的涉案行为构成不正当竞争，应当承担停止侵权、赔偿损失的民事责任。关于一审判决确定的赔偿数额是否适当。本案中，途牛公司未提供证据证明其因被侵权所遭受的实际损失或者同程公司因侵权的违法所得，且途牛公司在一审阶段请求适用法定赔偿，一审判决遂以法定赔偿方式确定本案赔偿数额。对此，途牛公司一审阶段提交了艾瑞咨询集团出具的2015年《中国在线旅游度假行业研究报告》，以证明途牛公司的市场份额远远大于同程公司。鉴于艾瑞咨询集团非官方机构，对其出具的行业报告的真实性难以确认，一审法院对该报告未予采纳，遂综合考虑途牛公司的知名度，同程公司侵权行为的性质、持续时间与影响，以及途牛公司为制止侵权行为支出的合理费用等因素，确定同程公司赔偿途牛公司经济损失及合理费用共计100万元，并无不当。

关于同程公司是否应当承担赔礼道歉、消除影响的民事责任。鉴于一审阶段同程公司已经删除了途牛公司诉称的相关内容，结合本案情况判令同程公司停止侵权可以起到消除影响的作用，一审法院未支持途牛公司要求同程公司赔礼道歉、消除影响的诉讼请求，亦并无不当。

综上，二审法院判决：驳回上诉，维持原判。

【法官评析】

经营者在市场交易中，应当遵循自愿、平等、公平、诚实信用的原则，遵守公认的商业道德。在市场交易中，经营者可以根据市场需要进行自由竞争，这也是市场经济的必然要求。正当的市场竞争是经营者通过必要的付出而进行的诚实竞争，必须以不侵犯他人合法权益为边界。然而经营者为了获取竞争优势，有时会采取商业诋毁的不正当竞争行为，通过贬低他人商誉来打击竞争对手。在大多数国家和地区，商业诋毁行为主要由反不正当竞争法进行规制，《保护工业产权的巴黎公约》和《反不正当竞争示范条款》等国际立法对商业诋毁亦均有规定。这些立法例中既有对商业诋毁的一般性原则规定的模式，也有一般条款和示例条款并用的方式。我国对商业诋毁的规定主要见之于反不正当竞争法第十四条规定，即“经营者不得捏造、散布虚伪事实，损害竞争对手的商业信誉、商品声誉”，采用的是一般条款的模式，并未对具体的商业诋毁行为进行示例规定。实践中，商业诋毁的具体形式多种多样。判定一个行为是否属于商业诋毁行为，需要科学认识商业诋毁行为的构成要件，正确处理经营者的竞争权利、竞争自由和公众利益的冲突与平衡，准确把握自由竞争与不正当竞争的界限。

本案涉及不正当竞争中商业诋毁行为的认定。本案中途牛公司与同程公司同属在线旅游服务提供商，其业务范围均有网络在线旅游服务业务，两者具有竞争关系。同程公司在其公司网站、手机 APP、微信公众号、公共场所进行广告宣传时，大量使用“牛”的图案、“屠牛行动”等用语，并针对途牛公司的相应旅游产品进行针对性对比宣传。对此，途牛公司认为同程公司的行为构成不正当竞争，向法院起诉请求判令同程公司承担侵权责任。同程公司辩称，其仅是正常的广告宣传，并未对商品质量等作引人误解的虚假宣传，亦未捏造、散布虚伪事实损害途牛公司的商誉，其行为不构成不正当竞争。

判断本案中同程公司的行为是否构成商业诋毁，涉及对我国反不正当竞争法中有关商业诋毁规定的理解和把握。该法第十四条规定的商业诋毁中捏造、散布“虚伪事实”，一般指客观上不存在的事实，且并不要求行为人必须直接指明诋毁的具体对象的名称，但诋毁的对象应当是可辨别的。故对于指向明确的，以贬损性言语夸大某些事实、丑化竞争对手的行为，亦符合商业诋毁的本质要件。实践中，经营者对于他人的产品、服务或者其他经营活动并非不能评论或者批评，但评论或者批评必须有正当目的，必须客观、真实、公允和中立，不能误导公众和损害他人商誉，否则评论或者批评超出正当商业评价、评论的范畴，突破法律界限，则属于反不正当竞争法第十四条予以规范的应有之义。对于上述案例，二审法院认为，认定是否构成商业诋毁，其根本要件在于相关经营者的行为是否以误导方式对竞争对手的商业信誉或商品声誉造成了损害。本案中，同程公司的宣传行为明显指向途牛公司，在贬损途牛公司服务和商誉的同时，片面、夸张地宣传自己的服务，且用语言辞激烈、图案夸张，甚至含有暴力的内容，其行为明显超出正当宣传、合法竞争的边界。二审法院最终认定，同程公司的行为足以导致相关公众对于途牛公司的产品和服务产生错误认识，亦必将对途牛公司的商誉产生负面影响，构成不正当竞争，应承担停止侵权、赔偿损失等侵权责任。本案的判决，对于树立正确的市场竞争规则，净化市场竞争环境具有典型意义。另，值得注意的是，一审阶段由于同程公司已经删除了途牛公司诉称的相关内容，故法院没有判决同程公司应当承担赔礼道歉、消除影响的民事责任，而一般情况下，只要认定被告的行为构成商业诋毁，通常赔礼道歉、消除影响应当是基本判项。

此外，也有专家认为，以途牛公司“途牛”商标的驰名度，同程公司的“屠牛”实际屠的是“途牛”商标，其并非一般意义的搭便车，而是直接贬低消解对方的商标，故构成驰名商标淡化中的商标丑化行为，该观点亦可以进一步探讨研究。

（史乃兴　作者单位：江苏省高级人民法院法官）

26

擅自使用他人收集信息的行为是否构成不正当竞争行为的司法认定

——汉涛公司诉百度公司不正当竞争纠纷案

【案号】

一审：上海市浦东新区人民法院浦民三（知）初字第528号

二审：上海知识产权法院（2016）沪73民终242号

【裁判要旨】

经营者在经营活动中使用或利用他人收集信息的行为不能当然认定构成不正当竞争，否则将在事实上设定一个“劳动成果权”。但经营者在使用他人收集信息时仍应遵守公认的商业道德，在相对合理的范围内进行使用，否则将不利于鼓励商业投入、产业创新和诚实经营，最终损害健康的竞争机制。是否违反公认商业道德应进行相对客观化的审查，并要兼顾信息获取者、信息使用者和社会公众三方的利益，在利益平衡的基础上划定行为的边界。在具体的判断要素上，需综合考虑行为是否具有积极效果、积极效果与对原告造成损害的衡量、行为对市场竞争秩序的影响、因素。

【案情介绍】

汉涛公司系大众点评网的经营者，大众点评网上积累有大量消费者对商户的评价信息。在百度地图中搜索某一商户，页面会显示用户对该商户的评价信息，其中部分信息来自于大众点评网，另有来自于其他网站的评论信息。在百度地图公证抽取的商户中，其中涉及餐饮行业的1055个商户中，共使用来自于大众点评网的评论信息86286条，平均每家商户使用81条。有784家商户使用的评论信息中超过75%的比例来自大众点评网，且所有评论信息均全文显示并主要位于页面前列。百度地图使用涉案信息时提供了“来自大众点评”的提示链接，但百度地图有部分商户中搭载有百度糯米的团购业务，点击该团购链接，可跳转至百度糯米网站。在百度知道产品中，当用户在相应的搜索框中输入某一商家名称，搜索结果显示，所有评价信息均来自大众点评网且全文展示，但标明了信息来源。

汉涛公司认为百度地图和百度知道产品所使用的商户评论信息大量来自于大众点评网，构成不正当竞争，诉请停止侵害，赔偿9000万损失。

【裁判结果】

上海市浦东新区人民法院认为，百度公司未经许可在百度地图和百度知道中大量使用了这些点评信息，其行为具有明显的“搭便车”、“不劳而获”的特点，实质性的替代了原告网站，具有不正当性。判决百度公司停止侵害，赔偿经济损失人民币300万元。百度公司不服一审判决，提起上诉，其认为一审法院认定百度公司的行为构成实质性替代缺乏事实依据。上海知识产权法院认为，百度公司在其产品中使用大众点评网信息的数量和比例，以及使用方式，已对大众点评网的相关服务构成实质性替代，并且其使用行为违反公认的商业道德，构成不正当竞争。二审驳回上诉，维持原判。

【法官评析】

本案涉及经营者未经许可使用他人收集的信息是否构成不正当竞争行为的认定，这一问题在理论和实务界都有一定的争议。在运用反不正当竞争法一般条款对该行为进行判断时，需要满足以下三个要件：一是法律对该种竞争行为未作出特别规定；二是其他经营者的合法权益确因该竞争行为而受到了实际损害；三是该种竞争行为因确属违反诚实信用原则和公认的商业道德而具有不正当性或者说可责性。

（一）原告能否依据反不正当竞争法一般条款提起诉讼

本案被控不正当竞争行为表现为：被告通过垂直搜索技术抓取原告网站上的部分用户评论信息并在其百度地图和百度知道产品上展示，该行为可以抽象为“未经许可使用他人劳动成果”。本案在法律适用时，首先应当考量原告所主张的保护的劳动成果即信息能否通过具体的法律条款进行保护，防止向原则条款逃逸。

网站经营者对其网站上的信息主张著作权法保护可能的途径有两个，一是具体的信息构成作品；二是无论具体的信息是否构成作品，只要网站经营者对信息的选择或编排具有独创性，信息整体可以作为汇编作品进行保护。首先，涉案信息为用户对商家产品或服务的点评信息，多数用户发布的信息直接以平白的文字叙述其消费体验，通常难以达到著作权法所需最低限度的独创性，也有一些用户所发表信息篇幅较长、文字表述富有一定美感，可以作为作品保护。因此，对于被告网站上展示来源于原告网站上构成作品的信息，原告可就该具体信息主张著作权法保护。其次，原告对其网站的评论信息基本是按照时间顺序进行排列，在选择和编排上不具有独创性，不构成汇编作品。本案中，原告虽没有对被告所抓取和展示的具体信息在独创性上进行区分，但由于实际上多数点评信息尚达不到著作权法保护的高度，因此原告主张其权益损害缺乏具体的法律规定。

（二）原告的利益是否因被告的行为受到损害

汉涛公司在本案中主张百度公司的行为违反反不正当竞争法一般条款的规定，需要满足其否具有可获得法律保护的权益。本案中，汉涛公司的大众点评网站中通过长期经营，其网站上积累了大量的用户点评信息，这些点评信息可以为其网站带来流量，同时这些信息对于消费者的交易决定有着一定的影响，本身具有较高的经济价值。汉涛公司依据其网站上的用户点评信息获取利益并不违反反不正当竞争法的原则精神和禁止性规定，其以此谋求商业利益的行为应受保护，他人不得以不正当的方式侵害其正当权益。

在案证据显示，用户在百度地图和百度知道中搜索某一商户时，尤其是餐饮类商户时，所展示的用户评论信息大量来自于大众点评网，这些信息均全文显示且主要位于用户评论信息的前列，并附有“来自大众点评”的跳转链接。虽然百度公司在百度地图和百度知道产品中使用涉案信息时，提供了跳转链接，但基于日常消费经验，消费者逐一阅读所有用户评论信息的概率极低，对于相当数量的消费者而言，在百度地图和百度知道中阅读用户评论信息后，已经无需再在跳转至大众点评网阅看更多的信息。就提供用户评论信息而言，百度公司在百度地图和百度知道产品中大量使用来自大众点评网用户的评论信息，已对大众点评网构成实质性替代，这种替代必然会使汉涛公司的利益受到损害。

（三）被告的行为是否违反诚实信用原则和公认的商业道德

在自由、开放的市场经济秩序中，经营资源和商业机会具有稀缺性，经营者的权益并非可以获得像法定财产权那样的保护强度，只要他人的竞争行为本身是正当的，则该行为并不具有可责性，经营者必须将损害作为一种竞争结果予以适当的容忍。本案中，百度公司的行为是否构成不正当竞争，还需考虑其行为是否违反诚实信用原则和公认的商业道德。

本案中大众点评网上用户评论信息是汉涛公司付出大量资源所获取的，且具有很高的经济价值，这些信息是汉涛公司的劳动成果。当某一劳动成果不属于法定权利时，对于未经许可使用或利用他人劳动成果的行为，不能当然的认定为构成反不正当竞争法意义上的“搭便车”和“不劳而获”，这是因为“模仿自由”，以及使用或利用不受法定权利保护的信息是基本的公共政策，也是一切技术和商业模式创新的基础，否则将在事实上设定了一个“劳动成果权”。但是，随着信息技术产业和互联网产业的发展，尤其是在“大数据”时代的背景下，信息所具有的价值超越以往任何时期，愈来愈多的市场主体投入巨资收集、整理和挖掘信息，如果不加节制的允许市场主体任意的使用或利用他人通过巨大投入所获取的信息，将不利于鼓励商业投入、产业创新和诚实经营，最终损害健康的竞争机制。因此，市场主体在使用他人所获取的信息时，仍然要遵循公认的商业道德，在相对合理的范围内使用。

商业道德本身是一种在长期商业实践中所形成的公认的行为准则，但互联网等新兴市场领域中的各种商业规则整体上还处于探索当中，市场主体的权益边界尚不清晰，某一行为虽然损害了其他竞争者的利益，但可能同时产生促进市场竞争、增加消费者福祉的积极效应，诸多新型的竞争行为是否违反商业道德在市场共同体中并没有形成共识。对于擅自使用他人收集的信息的行为是否违反公认的商业道德的判断上，一方面，需要考虑产业发展和互联网环境所具有信息共享、互联互通的特点；另一方面，要兼顾信息获取者、信息使用者和社会公众三方的利益，既要考虑信息获取者的财产投入，还要考虑信息使用者自由竞争的权利，以及公众自由获取信息的利益，在利益平衡的基础上划定行为的边界。只有准确的划定正当与不正当使用信息的边界，才能达到公平与效率的平衡，实现反不正当竞争法维护自由和公平的市场秩序的立法目的。这种边界的划分不应完全诉诸于主观的道德判断，而应综合考量上述各种要素，相对客观的审查行为是否扰乱了公平竞争的市场秩序。在判断被告的行为是否违反商业道德时，应综合考虑以下几个因素：

1. 使用行为是否具有积极的效果。市场经济鼓励的是效能竞争，而非通过阻碍他人竞争，扭曲竞争秩序来提升自己的竞争能力。如果经营者是完全攫取他人劳动成果，提供同质化的服务，这种行为对于创新和促进市场竞争没有任何积极意义，有悖商业道德。本案中，当用户在百度地图上搜索某一商户时，不仅可以知晓该商户的地理位置，还可了解其他消费者对该商户的评价，这种商业模式上的创新在一定程度上提升了消费者的用户体验，丰富了消费者的选择，具有积极的效果。

2. 使用行为所产生的积极效果与对原告利益损害的平衡。本案中，汉涛公司对涉案信息的获取付出了巨大的劳动，具有可获得法律保护的权益，而在百度公司的竞争行为亦具有一定的积极效果，在此情况下应当对两者的利益进行一定平衡。百度公司在使用来自大众点评网的评论信息时，理想状态下应当遵循“最少、必要”的原则，即采取对汉涛公司损害最小的措施。但是要求百度公司在进行商业决策时，逐一考察各种可能的行为并选择对汉涛公司损害最小的方式，在商业实践中是难以操作的。但如果存在明显有对汉涛公司损害方式更小的方式而未采取，或者其欲实现的积极效果会严重损害汉涛公司利益的情况下，则可认定为使用方式已超过必要的限度。本案中，百度公司通过搜索技术抓取并大量全文展示来自大众点评网的信息，本院认为其已经超过必要的限度，理由如下：首先，如前所述，这种行为已经实质替代了大众点评网的相关服务，其欲实现的积极效果与给大众点评网所造成的损失并不符合利益平衡的原则。其次，百度公司明显可以采取对汉涛公司损害更小，并能在一定程度上实现积极效果的措施。事实上，百度地图在早期版本中所使用的来自大众点评网信息数量有限，且点评信息未全文显示，这种使用行为尚不足以替代大众点评网提供用户点评信息服务，也能在一定程度上提升用户体验，丰富消费者选择。

3. 使用行为对市场秩序所产生的影响。百度公司超出必要限度使用涉案信息，这种行为不仅损害了汉涛公司的利益，也可能使得其他市场主体不愿再就信息的收集进行投入，破坏正常的产业生态，并对竞争秩序产生一定的负面影响。同时，这种超越边界的使用行为也可能会损害未来消费者的利益。消费者利益的根本提高来自于经济发展，而经济的持续发展必然依赖于公平竞争的市场秩序。就本案而言，如果获取信息投入者的利益不能得到有效保护，则必然使得进入这一领域的市场主体减少，消费者未来所能获知信息的渠道和数量亦将减少。

4. 个案中考虑的特殊因素。本案中百度公司使用涉案信息是通过垂直搜索技术抓取大众点评网上的信息，这种搜索机制决定了最终所展示的信息必然集中来自于大众点评网等少数网站，且垂直搜索是直接呈现向用户呈现信息。垂直搜索技术作为一种工具手段在价值上具有中立性，但这并未意味着技术本身可以作为豁免当事人法律责任的依据。无论是垂直搜索技术还是一般的搜索技术，都应当遵循搜索引擎服务的基本准则，即不应通过提供网络搜索服务而实质性的替代被搜索方的内容提供服务，本案中百度公司使用涉案信息的方式和范围已明显超出了提供网络搜索服务的范围，其以垂直搜索技术决定了信息使用方式而可免责的抗辩意见并不能成立。

（范静波　作者单位：上海知识产权法院）

27

后台关键词竞价排名行为的性质认定

——新会江裕公司诉爱普生公司不正当竞争纠纷案

【案号】

一审：北京市海淀区人民法院（2014）海民（知）初字第28242号

二审：北京知识产权法院（2015）京知民终字第1753号

【裁判要旨】

将他人商标购买为竞价排名后台关键词的行为违反了公认的商业道德，属于《反不正当竞争法》第二条所规定的不正当竞争行为。搜索引擎对于用户所购买的关键词虽无审查义务，但对于用户在“品牌词”这一选项下所购买的关键词，应要求购买者提交相关初步证据，否则未尽到合理注意义务，应与用户承担连带责任。

【案情介绍】

原告新会江裕公司是“Jolimark”、“映美”等商标的注册商标专用权人，上述商标主要用于打印机商品上，且具有一定知名度。

2014年8月，新会江裕公司在百度搜索引擎中搜索“jolimark”、“映美”、“jolimark映美”、“映美打印机怎么样”等关键词，在搜索结果中首页中分别出现名称为“7月1－9月30发票打印机首选爱普生…”、“espon

全面支持营改增，超低功耗…”等链接，上述链接后都有“推广链接”提示。点击上述链接后，均进入被告爱普生公司的网页。

新会江裕公司认为虽然上述搜索结果中未显示本案涉案商标，但作为同为生产和销售打印机的企业，爱普生公司将涉案商标作为后台关键词进行购买的行为同样构成不正当竞争行为。百度公司在提供竞价排名关键词服务时未尽到审查和合理注意的业务，主观上存在过错，亦应承担连带责任。据此，请求法院判令爱普生公司停止不正当竞争行为，爱普生公司及百度公司连带赔偿经济损失50万元及合理支出3899元。

被告爱普生公司认为，涉案推广链接的内容中以及打开的链接页面中均未包含新会江裕公司的涉案商标，因此，该关键词购买行为不会使相关公众产生混淆。此外，这一行为亦未影响新会江裕公司的自然搜索结果排名，故将涉案商标购买为后台关键词的行为未构成不正当竞争行为。

百度公司则认为其关键词的设立和上线均由客户决定，百度公司仅对涉黄、涉毒、涉反动以及政治敏感词等进行过滤，而不进行人工审核。因此，不应承担连带赔偿责任。

另查，打开百度推广官方网站，并使用爱普生公司的账号登录，进入该企业账户页面。在该页面下添加新的关键词后，并在“推广计划”和“推广单元”中均选择“品牌词”，保存成功后，则出现系统推荐的与该词条相关的关键词。

【法院裁判】

一审法院经审理认为：爱普生公司与新会江裕公司同为打印机行业的经营者，双方均有竞争关系。爱普生公司使用竞争对手的品牌作为关键词推广自己的产品，主观上存在故意。该行为攫取了新会江裕公司的交易机会，有违诚实信用原则，构成不正当竞争。一般情况下，竞价排名服务商对于用户所选择使用的关键词并不负有全面、主动、事先审查的义务。百度公司并未在提供涉案竞价排名服务之外，另行实施了为爱普生公司选择、添加、推荐涉案关键词的行为。因此，百度公司不存在过错，不应为爱普生公司的上述不正当竞争行为承担民事责任。据此，法院判令爱普生公司停止不正当竞争行为，并赔偿新会江裕公司经济损失及合理支出共计十万元。

新会江裕公司不服一审判决，提起上诉称：百度公司并未尽到合理注意义务，其应与被上诉人爱普生公司承担连带责任，且一审判决的赔偿数额不足以弥补被诉行为所带来的损害，故请求二审法院判决支持全部诉讼请求。

爱普生公司不服一审判决，提起上诉称：被诉行为并不属于《反不正当竞争法》第二条所规定的行为，一审判决适用法律错误，请求二审法院撤销一审判决，驳回新会江裕公司的全部诉讼请求。

二审法院经审理认为：爱普生公司将新会江裕公司的商标购买为竞价排名后台关键词的行为违反了公认的商业道德，属于《反不正当竞争法》第二条所规定的不正当竞争行为。搜索引擎对于用户所购买的关键词虽无审查义务，但对于“品牌词”这一选项下所购买的关键词，百度公司应要求购买者提交相关初步证据，但本案中百度公司未尽到这一义务，故其主观具有过错，应与爱普生公司承担连带责任。在新会江裕公司并未举证，亦未合理说明其所受损失的情况下，一审法院所判决赔偿数额并无不当，据此，二审法院撤销一审判决，并判令爱普生公司与百度公司共同赔偿经济损失及合理支出共计十万元。

【法官评析】

实践中对于后台关键词竞价排名行为性质的认定一直存在争议，尤其是对于搜索引擎是否应承担相应责任，则更是难点之一，而上述问题恰是本案的焦点问题。

一、爱普生公司的行为是否违反《反不正当竞争法》第二条的规定

《反不正当竞争法》第二条规定，“经营者在市场交易中，应当遵循自愿、平等、公平、诚实信用的原则，遵守公认的商业道德。本法所称的不正当竞争，是指经营者违反本法规定，损害其他经营者的合法权益，扰乱社会经济秩序的行为”。因原则性条款高度抽象，对其适用存在着不确定性和扩张性。由此，法院对《反不正当竞争法》第二条的适用应持十分慎重的态度，以防止因不适当扩大不正当竞争范围而妨碍自由、公平竞争。一般而言，只有在该行为违反公认的商业道德时，才可以认定为不正当竞争行为。

本案中，被诉行为是爱普生公司将新会江裕公司商标购买为竞价排名后台关键词的行为，该行为的实质在于爱普生公司使用新会江裕公司商标增加了自己的商业机会。因无论是传统商业领域，还是互联网商业领域，任何竞争行为在相当程度上均可被认为是对商业机会的竞争，因此，是否争夺了其他经营者的商业机会，并非判断正当性的决定因素，其判断关键在于经营者用以争夺商业机会的手段是否符合公认的商业道德。

商标的本质功能在于其识别作用，该识别作用受到商标法的保护，其所带来的经营利益应归属商标权人。经营者不得使用他人商标为自己增加商业机会属于公认的商业道德，无论是在传统环境下还是互联网环境下，均是如此。

虽然被诉行为购买的是用户不会看到的后台关键词，从而不会使用户产生混淆，亦不影响自然搜索结果，但这并不意味着其不会影响到新会江裕公司的商业机会。涉案两商标标识“映美”与“Jolimark”均系臆造词，在无相反证据证明其具有其他含义的情况下，可基本认定搜索用户使用涉案两商标进行搜索的目的在于搜索新会江裕公司的产品或相关信息。但被诉行为的存在使得搜索用户在看到新会江裕公司的产品或信息之前，便会在搜索结果顶部看到爱普生公司的相关推广信息。尽管在推广结果链接标题内并未包括涉案商标，但不可否认的是，必然会有部分用户看到该搜索结果后点击链接进入爱普生网站浏览，而在该部分用户中，亦极有可能有部分用户因而成为爱普生公司的用户。这一情形充分说明，虽然并无混淆发生，亦并未影响自然搜索结果，但被诉行为对于新会江裕公司的商业机会的掠夺是毋庸置疑的。综上，被诉行为不符合公认的商业道德，违反

《反不正当竞争法》第二条的规定。

二、百度公司是否应对爱普生公司购买竞价排名关键词的行为承担连带责任

因被诉行为的损害后果客观上确由爱普生公司购买关键词的行为以及百度公司提供的竞价排名行为共同造成，故不能当然排除百度公司与爱普生公司承担连带责任的可能性。但因《反不正当竞争法》中并未涉及帮助行为的责任承担规则，故对其责任的认定需要适用帮助侵权行为的相关规则。

在侵权法框架下，如果帮助行为人依据其应具有的合理注意义务，足以意识到其所提供帮助的行为人实施了直接侵犯他人合法权利的行为，却仍为其提供帮助，则其应与直接侵权人承担连带责任。在这一责任的认定中，帮助行为人的合理注意义务的确定是关键因素。具体到本案，则关键在于百度公司对于关键词购买行为应尽何种注意义务。需要指出的是，因关键词涉及多种情况，而本案所涉关键词为商标，故本院仅针对关键词为商标情况下的注意义务进行分析。

确定经营者对某经营行为应负的注意义务，可考虑三个因素：其一为该经营行为为经营者所带来的经营利益；其二为该经营行为对社会公众的影响；其三为经营者满足具体注意义务的客观可能性。通常情况下，如果某一行为所带来的经营利益在经营者总收益中占有很大比例，或该行为对于社会公众产生重要影响，则基于权利义务对等这一基本原则，并考虑到社会公共利益的保护，可要求经营者承担较高的注意义务。

对于任何搜索引擎而言，竞价排名行为是其最为重要的盈利手段已为不争之事实。而在互联网环境下，搜索引擎的搜索准确性对于网络用户显然具有至关重要的影响，而竞价排名行为的出现无疑可能影响搜索结果的准确性。上述情形充分说明，搜索引擎对于其竞价排名服务需承担相对较高的注意义务。只是对这一注意义务具体内容的确定，需要考虑搜索引擎客观可达到的程度，避免对搜索引擎提出其客观上无法实现的要求，从而产生否定竞价排名商业模式的客观效果。

具体到本案所涉及的与商标有关的竞价排名服务行为，购买者在购买关键词的同时需要对该关键词的类型进行选择，而其中有“品牌词”这一选项。因品牌基本上相当于商标，而商标与购买者之间的所有关系很容易举证证明，故百度公司至少可以做到要求选择“品牌词”这一选项的购买者提交相关初步证据（包括注册商标的商标注册证、未注册商标的使用证据、许可使用合同等）以证明其与该商标之间的关系。需要指出的是，如果对于上述证据，依据正常认知能力可以基本确定相关关键词确为购买者所有，则即便该关键词实际上并非由购买者所有，亦可认定百度公司尽到了合理的注意义务。

但如果依据正常认知能力亦可看出该商标与购买者并无实际关联，则即便购买者提供了上述证据，亦有必要要求其进一步举证。例如，对于社会公众广为知晓的驰名商标，如果依据正常认知即可判断购买者与该商标并无关联，则即便购买者提交了商标注册证，百度公司亦有义务要求其进一步举证。如果百度公司未尽到这一义务，则对于该关键词购买行为所带来的民事责任，百度公司应承担连带责任。

本案中，爱普生公司系将新会江裕公司的商标作为品牌词购买，但百度公司并无证据证明其要求爱普生公司提交了与该关键词相关的证据，这一做法说明百度公司未尽到合理的注意义务，主观存在过错。基于此，在爱普生公司购买关键词行为构成不正当竞争行为并需承担赔偿责任的情况下，百度公司应对此承担连带责任。

（芮松艳　作者单位：北京知识产权法院）

28

移动终端应用软件分发市场不正当竞争行为的判定及诉前禁令的适用

——腾讯计算机公司、腾讯科技公司诉前行为保全案

【案号】

湖北省武汉市中级人民法院（2017）鄂01行保1号

【裁判要旨】

网络环境下，侵权具备速度快、范围广、影响大的特点，加之互联网产品迭代速度快，用户体验一旦受损将难以修复并造成用户流失以及使用习惯的转变。对被申请人利用技术手段恶意干扰申请人网络产品正常运行，并以误导、诱导手段影响用户选择，抢夺竞争对手流量的行为，如不及时禁止，将严重侵害申请人的利益，并可能对申请人的竞争优势和市场份额造成难以弥补的损害。法院可根据申请人的申请，及时采取诉前行为保全措施。

【案情介绍】

申请人：深圳市腾讯计算机系统有限公司（以下简称腾讯计算机公司）

申请人：腾讯科技（深圳）有限公司（以下简称腾讯科技公司）

被申请人：广东欧珀移动通信有限公司（以下简称欧珀公司）

被申请人：东莞市讯怡电子科技有限公司（以下简称讯怡公司）

被申请人：武汉市江岸区恒华通讯器材经营部（以下简称恒华经营

部)

被申请人欧珀公司、讯怡公司在用户安装通过官网下载的“腾讯手机管家”以及通过“腾讯手机管家”下载安装应用程序的过程中，在OPPO手机上实施了强制用户注册OPPO账号、输入密码验证身份等反复弹窗提示行为，干扰用户体验及申请人软件的正常运行；在对下载软件扫描时及扫描完成未发现风险后，仍以“建议去OPPO软件商店可快速安全安装应用”、“系统软件商店有经过人工亲测的版本”等提示用语，并配合区别对待申请人和被申请人产品和服务的UI设计——绿色高亮突出右侧“软件商店安装”选项，影响用户判断，干扰用户选择，且在扫描完成前，保持左侧“继续安装”选项不可用，右侧“软件商店安装”选项可用，阻碍已下载软件正常安装；若用户点击“软件商店安装”选项，系统将自动跳转至“OPPO软件商店”重新下载并静默安装。申请人提交的证据同时显示，被申请人欧珀公司、讯怡公司实施了区别对待申请人的“腾讯手机管家”产品和被申请人以及其他竞争者同类产品的行为，除被申请人的“OPPO软件商店”可不受干扰的静默下载安装外，若用户下载安装同类软件“豌豆荚”以及通过“豌豆荚”下载安装应用程序，也并未有上述弹窗提示以及跳转页面设置。

为此，腾讯计算机公司、腾讯科技公司于2017年5月26日向本院申请诉前行为保全，请求对被申请人欧珀公司、讯怡公司、恒华经营部采取行为保全措施。责令：1. 欧珀公司、讯怡公司立即停止在OPPO手机上，在用户通过申请人官方网站下载、安装“腾讯手机管家”软件的过程中，设置跳转至OPPO“软件商店”重新下载、安装软件页面的行为，并不得以类似方式实施前述行为；2. 欧珀公司、讯怡公司立即停止在OPPO手机上，在用户通过申请人“腾讯手机管家”下载、安装软件的过程中，设置验证弹窗页面，以及设置跳转至OPPO“软件商店”重新下载、安装软件页面的行为，并不得以类似方式实施前述行为；3. 恒华经营部在欧珀公司、讯怡公司停止上述行为之前，暂停销售OPPO手机。

为此，中国人民财产保险股份有限公司武汉市分公司向本院出具诉讼保全责任保险保函，为本案提供担保。

【法官评析】

法院审查认为，考虑以下因素：1. 申请人为本案利害关系人。根据申请人提交的“腾讯手机管家”官网域名备案信息查询、软件著作权登记证书等证据，两申请人为“腾讯手机管家”的软件运营人及软件著作权人，有权提出包括本案申请在内的保全申请。2. 被申请人存在构成不正当竞争的可能性。被申请人欧珀公司、讯怡公司在用户安装通过官网下载的“腾讯手机管家”以及通过“腾讯手机管家”下载安装应用程序的过程中，在OPPO手机上实施了强制用户注册OPPO账号、输入密码验证身份等反复弹窗提示行为，干扰用户体验及申请人软件的正常运行；在对下载软件扫描时及扫描完成未发现风险后，仍以“建议去OPPO软件商店可快速安全安装应用”、“系统软件商店有经过人工亲测的版本”等提示用语，并配合区别对待申请人和被申请人产品和服务的UI设计——绿色高亮突出右侧“软件商店安装”选项，影响用户判断，干扰用户选择，且在扫描完成前，保持左侧“继续安装”选项不可用，右侧“软件商店安装”选项可用，阻碍已下载软件正常安装；若用户点击“软件商店安装”选项，系统将自动跳转至“OPPO软件商店”重新下载并静默安装。申请人提交的证据同时显示，被申请人欧珀公司、讯怡公司实施了区别对待申请人的“腾讯手机管家”产品和被申请人以及其他竞争者同类产品的行为，被申请人的“OPPO软件商店”及“豌豆荚”等同类软件可不受干扰的静默下载安装，并未有上述弹窗提示以及跳转页面设置。被申请人的行为涉嫌区别对待并故意干扰申请人“腾讯手机管家”软件的正常使用，降低了用户体验，干扰了用户选择，从而利用“腾讯手机管家”软件的知名度、市场影响力和用户基础推广自身产品，可能构成不正当竞争；被申请人恒华经营部作为OPPO手机经销商，其销售手机的行为在客观上也加大了对申请人的影响，可能构成帮助实施不正当竞争行为。3. 不立即采取措施可能使申请人的合法权益受到难以弥补的损害。在网络环境下，侵权具备速度快、范围广、影响大的特点，加之互联网产品迭代速度快，用户体验一旦受损将难以修复并造成用户流失以及使用习惯的转变，被申请人的上述行为如不及时予以禁止，将严重侵害申请人的利益，并可能对申请人的竞争优势和市场份额造成难以弥补的损害。4. 责令被申请人停止相关行为不会损害社会公共利益。本案保全措施仅要求被申请人停止干扰行为，本身并不影响 OPPO 手机的正常使用，不会对消费者利益和社会经济秩序产生不利影响。5. 申请人提供了相应的担保。对于担保金额和担保形式的确定，需要综合考虑申请人胜诉可能性的高低及被申请人停止相关行为可能遭受的损失等因素进行判断。本案中，申请人以保险公司出具的 1000 万元责任保险担保函提供担保。申请人提供的上述担保金额和担保形式符合要求，可以允许。

综上，申请人提出的诉前行为保全申请符合法律规定。依照《中华人民共和国民事诉讼法》第一百零一条、第一百零二条规定，湖北省武汉市中级人民法院裁定：1. 被申请人广东欧珀移动通信有限公司、东莞市讯怡电子科技有限公司立即停止在 OPPO 手机上，在用户通过申请人官方网站下载、安装“腾讯手机管家”软件的过程中，设置跳转至 OPPO“软件商店”重新下载、安装软件页面的行为，并不得以类似方式实施前述行为；2. 被申请人广东欧珀移动通信有限公司、东莞市讯怡电子科技有限公司立即停止在 OPPO 手机上，在用户通过申请人“腾讯手机管家”下载、安装软件的过程中，设置验证弹窗页面，以及设置跳转至 OPPO“软件商店”重新下载、安装软件页面的行为，并不得以类似方式实施前述行为；3. 被申请人武汉市江岸区恒华通讯器材经营部在被申请人广东欧珀移动通信有限公司、东莞市讯怡电子科技有限公司停止上述行为之前，暂停销售 OPPO 手机。

【法官评析】

近年来，随着移动终端应用软件分发市场巨大商业价值越来越被互联网企业所重视，以及手机厂商开始由专攻硬件向“硬件、软件、服务”并重转变，各大应用商店在市场份额方面的竞争愈加激烈。因竞争主体多，而用户规模已趋向饱和，加之应用分发市场竞争规范尚未统一，不正当竞争时有出现。其中，又以作为操作系统服务提供者的手机厂商与拥有先发优势的第三方应用商店间的纠纷最为突出及频繁，本案即为典型例证。如何评判手机厂商利用技术手段实施的竞争行为，以及准确把握禁令的适用条件是解决纠纷的关键。

一、手机厂商超越系统安全管理必要性的妨碍、破坏行为应当认定为不正当竞争

手机厂商与第三方应用商店频发纠纷的原因在于，手机厂商进入该市场较晚，需要从第三方应用商店争夺市场份额。而手机厂商作为操作系统服务提供者，一方面需要基于用户安全对手机进行必要的系统设置，如进行安全提示、选择性开放手机权限等，另一方面又极易通过系统设置实施不当干扰行为，如设置诱导选项、故意不开放必要的权限等。

因此，认定手机厂商行为是否构成不正当竞争，关键在于判定其实施的技术手段是否系超越系统安全管理必要性的妨碍、破坏行为，从而扰乱了市场竞争秩序，损害了其他经营者或者消费者的合法权益。从实践看，手机厂商以技术手段实施的不当干扰行为主要包括：滥用自身优势干扰或阻碍其他应用商店下载、安装、运行；滥用用户提示干扰或阻碍其他应用商店正常运行；故意不开放必要权限阻碍其他应用商店正常运行；不恰当设置目标跳转链接；滥用用户提示或以恶意评价误导用户；恶意修改用户设置干扰或阻碍其他应用商店正常运行；其他妨碍、破坏应用商店正常运行的行为。

本案中，从行为看，被申请人欧珀公司、讯怡公司实施了以下行为：

1. 滥用自身优势干扰申请人应用商店运行，即强制用户注册 OPPO 账号、输入密码验证身份等反复弹窗提示行为；2. 滥用用户提示行为误导用户，即在对下载软件扫描完成未发现风险后，仍以误导性提示用语，并配合绿色高亮突出右侧“软件商店安装”选项，误导用户，干扰用户选择；3. 结合用户提示设置目标跳转链接，即通过用户提示诱导用户点击“软件商店安装”选项，且点击后，系统系自动从被申请人所有“OPPO 软件商店”重新下载并静默安装。从后果看，被申请人的行为妨碍、破坏了申请人应用商店的正常使用，抢夺了申请人用户流量，并降低了用户体验，增加了用户使用难度，干扰了用户选择，从而同时损害了申请人及消费者利益。

尽管被申请人在复议申请中辩称其行为系为最大限度防止有毒有害软件损害消费者利益、危害网络安全的行为，但经审查，其行为并非仅在发现有安全风险时提示，而是反复提示，并配合区别对待申请人和被申请人产品和服务的 UI 设计影响用户判断；强制用户注册 OPPO 账号、输入密码验证身份等弹窗提示行为系反复进行；实施了区别对待行为，对被申请人所有的“OPPO 软件商店”产品及其他竞争者同类产品可不受干扰的静默下载安装。因此，被申请人的行为显然超出了系统安全管理必要性，涉嫌构成不正当竞争。

二、应结合互联网竞争特点审查诉前禁令适用的必要性

在知识产权领域，妥善运用行为保全，对于提高司法救济的及时性和有效性具有重要意义，积极合理运用临时措施，有助于强化知识产权司法保护的及时性和有效性。需要注意的是，由于诉前禁令系在有限时间内基于有限证据作出的临时保护措施，因此需要采取谨慎的司法态度严格审查。在移动终端应用软件分发市场不正当竞争案件中，适用诉前禁令仍应考虑行为保全适用的基本要素，即：申请人是否是权利人或利害关系人；申请人在本案中是否有胜诉可能性；是否具有紧迫性，即不立即采取措施是否可能使申请人的合法权益受到难以弥补的损害；责令被申请人停止相关行为是否损害社会公共利益；申请人是否提供了相应的担保。同时需要考虑的是互联网竞争特点，即网络环境下，侵权具备速度快、范围广、影响大的特点，加之互联网产品迭代速度快，用户体验一旦受损将难以修复并造成用户流失以及使用习惯的转变。因此，在该类案件中，若经审查符合行为保全要素，法院可根据申请人的申请，及时采取保全措施，以有效防止损害的发生或扩大，避免造成难以弥补的损害。

本案中，经审查，申请人的申请符合行为保全的基本要件。同时，法院考虑到：1. 申请人的应用商店具有先发优势，已经获得了可能的商业机会，被申请人的行为在抢夺流量的同时，还会造成用户体验下降，从而转向其他应用商店，造成申请人先发优势的丧失，且这种先发优势的丧失在一定程度上具有不可逆性；2. 申请人手机在国内市场具有极高的占有率，且即将发行新机，一旦侵权破坏力极大。综上，及时采取诉前禁令有必要性。

此外，本案采取诉前禁令效果较好。一方面是社会效果好。案件详细阐述了被申请人涉及的不当行为，提出了明确具体的应予停止的举措，为规范相关行业的竞争行为和竞争秩序提供了直接指引。另一方面是促成和解案结事了。因前期诉前禁令的公正高效做出，及时制止了涉案不当行为，为双方营造了良好的和解氛围，在后期双方的诉讼案件中，法院通过反复与双方沟通，动之以情晓之以理，最终双方不仅握手言和，还签订了深度合作的协议。

（余杰　作者单位：湖北省武汉市中级人民法院）

五、植物新品种案件

ZHI WU XIN PIN ZHONG AN JIAN

29

植物新品种共有权人行使共有权的法律规制

——史净泉诉魏某某等侵害植物新品种权纠纷案

【案号】

一审：江苏省南京市中级人民法院（2015）宁知民初字第170号

二审：江苏省高级人民法院（2016）苏民终167号

【裁判要旨】

1. 未经其他共有品种权人同意，擅自与他人签订独占实施许可合同，侵害了其他共有权人的合法权益，应认定协议无效。

2. 在认定涉案协议无效的前提下，将独占实施许可直接变更为普通实施许可，缺乏法律依据，无助于纠纷的实质性解决，甚至可能导致发生更多纠纷。因此，由共有品种权人自行协商如何行使共有权，既符合有关技术成果共有关系法律规定的精神，亦体现了对当事人意思自治的尊重。

【案情介绍】

一、涉案植物新品种权利状况

2010年8月11日，杨安南、史净泉作为培育人向国家农业部申请了“苏科麦1号”（授权前名为“科丰1号”）植物新品种权。2012年6月14日，杨安南去世，史净泉独自完成了后续申请工作。2012年9月4日，史净泉与杨安南的遗孀魏某某签订协议约定：杨安南占整个品种权益的52%，史净泉占整个品种权益的48%。2012年11月30日，“苏科麦1号”被江苏省农作物品种审定委员会审定通过为主要农作物新品种。2015年5

月1日，“苏科麦1号”被国家农业部授予植物新品种权，品种权人为杨安南、史净泉。

二、诉讼主体情况

魏某某系杨安南遗孀，杨某某系杨安南女儿，杨某系杨安南儿子（以下统称“魏某某等”）。

苏科公司系由史净泉、杨安南、俞振龙、吴开明于2004年9月6日成立，注册资本501万元，其中史净泉出资240万元、杨安南出资151万元等。公司经营范围为农作物种子销售、农作物种子的技术咨询、技术服务、技术成果转让。

润扬公司成立于1990年5月2日，注册资本3018万元，经营范围包括农作物种子生产，杂交水稻、杂交玉米及其亲本种子、油菜种子、常规水稻、小麦种子、西瓜、辣椒种子、蔬菜种子的加工、包装、批发、零售。

三、涉案植物新品种许可及使用情况

2012年9月4日，史净泉、魏某某、俞振龙、吴开明作出股东会决议，决定涉案品种审定后由苏科公司经营。2013年，由于国家对农作物种子繁育政策进行了调整，苏科公司不再具有繁育农作物种子的资质。

2013年8月24日，苏科公司与润扬公司签订《苏科麦一号种子授权生产销售合同》。合同中约定苏科公司授权润扬公司在江苏省区域范围内独家生产销售苏科麦1号种子。

润扬公司庭审中称，其是在史净泉提供了苏科公司股东会决议并承诺公司股东无意见分歧的情况下，才与苏科公司签约的。该合同签订后，润扬公司于2014年、2015年实际生产、包装、销售了苏科麦1号种子。但辩称因魏某某等又私自将苏科麦1号种子授权他人使用，导致其两年都未能完成保底销售数额。2014年，其支付给史净泉45万元，其中25万元为品种权使用费，20万元为史净泉的顾问费。2015年的品种权使用费尚未支付。

2013年9月14日，魏某某等与张某某签订《苏科麦一号新品种使用权转让协议》，约定魏某某等将苏科麦1号新品种使用权转让给张某某，转让费80万元，分两年付清。2013年12月30日前支付40万元，2014年12月30日前支付40万元。张某某获得授权后可在审定区域从事该品种生产和销售工作。合同签订后，由张某某担任法定代表人的华硕公司实际生产经营了该品种。至今，张某某共支付魏某某等转让费45万元。对于未依约支付的原因，张某某称系由于史净泉私自授权润扬公司使用涉案品种，并多次向相关部门投诉其无权生产经营苏科麦1号，导致其生产的种子无法销售。

2013年10月10日，史净泉、魏某某、俞振龙、吴开明作出股东会决议，决定鉴于苏科公司目前资质已不符合国家规定条件，同意歇业，服从政府依法注销。后史净泉并未将公司注销。

2015年，张某某担任法定代表人的华硕公司分别在6月28日、8月1日出版的《江苏农业科技报》以及第9期《种子与种苗》杂志上发表声明称，苏科麦1号已申请植物新品种保护，申请公告号：CNA007057E。品种育成人杨安南占整个品种权益52%，杨安南品种权益继承人已将该权益授权华硕公司独占许可。从即日起，未经许可，任何单位和个人无权生产包装和销售苏科麦1号种子。否则，将追究其法律责任，特此声明！

2014年，润扬公司在2014年第7期《江苏种业》杂志上发表声明称：苏科麦1号已申请植物新品种权保护，申请公告号为CNA007057E。根据品种权人亲自授权，本公司郑重声明：从即日起至2018年11月30日，江苏润扬种业有限公司拥有苏科麦1号种子的生产、包装、销售权；未经许可，其它任何单位和个人都无权生产、包装、销售苏科麦1号小麦种子。否则，将依法追究其法律责任。特此声明！该声明的落款时间为2013年10月1日。

2015年，润扬公司又在第8期《江苏种业》杂志上再次发表声明称，江苏润扬种业有限公司独家拥有苏科麦1号种子的生产、包装、销售权。该声明下方有史净泉的亲笔签名。对此声明，史净泉和润扬公司陈述，由于润扬公司要领取生产许可证，史净泉后又单独授权润扬公司生产、包装、销售苏科麦1号品种。

四、双方当事人诉辩意见

本案中，史净泉一审起诉称：其与杨安南系苏科麦1号小麦品种的共有权人。杨安南的继承人魏某某等未经其同意擅自将该品种转让给张某某，侵害了其权益。请求判令：1. 魏某某等与张某某签订的《苏科麦1号新品种使用权转让协议》无效；2. 魏某某等、张某某赔偿其损失10万元。而魏某某等、张某某则辩称：杨安南的继承人魏某某等依法继承了涉案植物新品种权52%的份额，有权授权他人使用。

一审法院认为：

史净泉与杨安南的继承人虽以股东会决议的方式，将苏科麦1号品种权授权苏科公司经营，但并未就授权的方式进行约定，也未明确授予苏科公司转授权的权利。苏科公司不再具有生产、销售种子的资质，也就无法再生产、销售涉案品种。至此，史净泉与杨安南的继承人对苏科公司的授权也就无法继续实施。其后杨安南的继承人魏某某等与张某某签订了《苏科麦一号新品种使用权转让协议》。该协议虽名为转让协议，但从协议中"张某某获得授权后可在审定区域从事该品种生产和销售工作"的约定条款，可以认定其实质为普通许可实施合同。故魏某某等作为品种共有权人杨安南的继承人，在未与另一共有权人史净泉就品种许可达成新的合意的情况下，以普通许可的方式授权张某某实施苏科麦1号植物新品种权的行为有效，并未侵害史净泉的权益。史净泉请求判令魏某某等、张某某赔偿其经济损失10万元的诉讼请求，一审法院不予支持。但史净泉可以向魏某某等主张分配品种权许可使用费。据此，一审判决：驳回史净泉的全部诉讼请求。史净泉不服一审判决，向江苏高院提起上诉。

二审法院认为：

首先，关于涉案合同的定性。涉案合同条款表明，对于涉案品种，涉案合同不仅限定了任何第三方的使用而且限定了转让方的自行使用，同时由于合同未约定使用期限，故涉案使用权转让协议，符合独占实施许可合同的法律特征，且由于系无期限合同，在性质上已接近于品种权的转让。另，华硕公司于2015年在相关杂志上发表声明亦自称，其已获得杨安南继承人的“独占许可”，该声明内容亦印证了对本案合同性质的判断。

其次，关于涉案合同的效力。根据法律规定精神，未经其他共有人同意，共有人不得签订独占实施许可合同和排他实施许可合同。本案魏某某等作为共有品种权人杨安南的法定继承人，未经其他共有人同意，擅自与张某某签订独占实施许可合同，侵害了共有人史净泉的合法权益，应认定该协议无效。鉴于史净泉本人亦存在未经魏某某等同意对外发放独占实施许可的行为，故其要求魏某某等、张某某赔偿10万元的诉讼请求，不予支持。需要特别说明的是，一般情况下，法院认定合同无效后，应当就合同无效的法律后果及其相应责任承担一并作出裁判，但鉴于本案是共有人提出的请求确认其他共有人与第三人签订的独占实施许可合同无效之诉，涉案合同双方即魏某某等与张某某均是本案被告，在本案确认之诉中无法就涉案合同无效的过错、损失以及责任承担等形成有效的诉辩对抗，故法院仅就史净泉提出的诉讼请求进行审理并作出裁判，若魏某某等与张某某之间就合同无效的法律后果发生争议，以及相关当事人之间可能就另案存在争议，均可另行解决。

二审判决：一、撤销一审判决；二、魏某某等与张某某签订的《苏科麦一号新品种使用权转让协议》无效；三、驳回史净泉的其他诉讼请求。

另，在南京中院一审另案受理的魏某某等诉苏科公司、史净泉、润扬公司侵害植物新品种权纠纷案［（2015）宁知民初字第219号］中，魏某某等起诉称：苏科公司未经其同意，擅自与润扬公司于2013年8月24日签订了《苏科麦一号种子授权生产销售合同》；史净泉未经其同意，擅自授权润扬公司生产、包装、销售苏科麦1号种子，三被告的行为侵害了其合法权益。请求判令：1. 苏科公司与润扬公司签订的《苏科麦一号种子授权生产销售合同》无效；2. 史净泉授予润扬公司生产、包装、销售苏科麦1号种子的授权无效；3. 三被告向原告支付苏科麦1号植物新品种使用费74.88万元。

在该案中，史净泉辩称：1. 其作为共有权人不存在侵权行为；2. 魏某某等擅自将涉案品种权授权他人，侵害其品种权；3. 其是为履行公司法定代表人的职责，才以苏科公司名义与润扬公司合作生产经营涉案品种。

苏科公司辩称：其经营涉案品种系根据品种选育人授权并有公司决议；其与润扬公司合作生产经营是公司经营的一种方式；杨安南去世后，就一直由魏某某代表其他继承人处理相关事务。

润扬公司辩称：1. 无论合同相对方是苏科公司还是史净泉，其签订的《苏科麦一号种子授权生产销售合同》都是有效的；2. 因已取得品种权人的许可，故其对涉案品种的生产、包装、销售行为都是合法的；3. 原告主张使用费没有依据。

一审法院认为：苏科公司与润扬公司签订《苏科麦一号种子授权生产销售合同》时，并未取得苏科麦1号品种转授权的权利，故苏科公司授权润扬公司实施苏科麦1号植物新品种权的行为应为无效；史净泉许可润扬公司实施苏科麦1号植物新品种权的行为有效，但该授权的性质应为普通许可。对魏某某等请求苏科公司、史净泉、润扬公司支付77.48万元许可费的诉讼请求不予支持。由于润扬公司经史净泉授权已实际连续两年生产、销售了苏科麦1号种子，故润扬公司与史净泉应根据授权性质，涉案品种的价值、市场惯例，润扬公司两年实际收益及是否继续使用涉案品种等因素在合理的范围内协商许可使用费用，双方协商不成，可另案提起诉讼。史净泉据此取得的许可使用费用应与魏某某等合理分配。据此，一审判决：一、苏科公司与润扬公司于2013年8月24日签订的《苏科麦一号种子授权生产销售合同》无效；二、驳回魏某某等的其他诉讼请求。各方当事人对该案均未提起上诉，一审判决已经生效。

【法官评析】

植物新品种权，简称品种权，是指选育植物新品种的单位和个人，依法享有在一定时期内生产销售和使用所选育品种繁殖材料的独占性专有权利。当品种权为两人以上共同享有时，则产生共有品种权的行使问题。通常而言，共有人为保持竞争优势，对于专有权通常是协商一致共同实施或者分别实施，但当共有人自己不具备独立实施条件而许可他人实施时，则极有可能在共有人之间以及共有人与被许可人之间发生品种实施权的冲突。因为根据授权许可范围的不同，专有权实施许可分为独占实施许可、排他实施许可和普通实施许可三种。独占实施许可，是指让与人在约定许可实施的范围内，仅许可一个受让人实施，让与人依约定不得自行实施；排他实施许可，是指让与人在约定许可实施的范围内，仅许可一个受让人实施，但让与人依约定可以自行实施；普通实施许可，是指让与人在约定许可实施的范围内可以许可数人实施，且可以自行实施。可见，实施许可的内容和范围不同，权利义务必然存在重大差异。本案所涉“苏科麦1号”品种共有权人为杨安南、史净泉，该品种曾被独家授权许可由史净泉和杨安南等作为股东的苏科公司使用，后因国家对种子公司经营门槛的提高，苏科公司无法继续经营该品种，故史净泉、杨安南法定继承人魏某某等均未经对方同意，分别将涉案品种权独占许可他人实施，从而引发了双方互为原、被告的两起植物新品种侵权诉讼案件。本案中，二审法院对于共有品种权纠纷案件审理的法律适用、共有品种权行使的法律规制以及该案能否直接将独占实施许可认定为普通实施许可等问题进行了详细探讨。

（一）关于审理共有品种权纠纷案件的法律适用。审理共有品种权纠纷案件，首先面临法律适用的困境。我国《植物新品种保护条例》对于品种共有权行使并未作出具体规定，因此，需要从相关法律中寻找法律适用的指引。首先，合同法第三百四十二条第一款规定：“技术转让合同包括专利权转让、专利申请权转让、技术秘密转让、专利实施许可合同。”由于合同法对品种权转让或许可合同没有作出明文规定，故品种权转让或许可合同属于合同法分则未明文规定的无名合同。对于无名合同的法律适用规则，合同法第一百二十三条规定：“其他法律对合同另有规定的，依照其规定”；第一百二十四条规定：“本法分则或者其他法律没有明文规定的合同，适用本法总则的规定，并可以参照本法分则或者其他法律最相类似的规定”。对此，《最高人民法院关于审理技术合同纠纷案件适用法律若干问题的解释》（以下简称技术合同司法解释）第四十六条规定：“集成电路布图设计、植物新品种许可使用和转让等合同争议，相关行政法规另有规定的，适用其规定；没有规定的，适用合同法总则的规定，并可以参照合同法第十八章和本解释的有关规定处理。”从权利特性上看，品种权在权利取得和权利内容上更接近于专利权和集成电路布图设计专有权，因此，处理共有品种权纠纷案件，应当适用合同法及技术合同司法解释的相关规定，并可以从专利、集成电路布图设计等最相类似的法律规定中寻找法律依据。

（二）关于共有专有权行使的法律规制。本案法律适用主要涉及两方面：一是有关许可的规定。专利法第十五条规定：“专利申请权或者专利权的共有人对权利的行使有约定的，从其约定。没有约定的，共有人可以单独实施或者以普通许可方式许可他人实施该专利；许可他人实施该专利的，收取的使用费应当在共有人之间分配。除前款规定的情形外，行使共有的专利申请权或者专利权应当取得全体共有人的同意。”《集成电路布图设计保护条例实施细则》第十条第二款规定：“涉及共有的布图设计专有权的，每一个共同布图设计权利人在没有征得其他共同布图设计权利人同意的情况下，不得将其所持有的那一部分权利进行转让、出质或者与他人订立独占许可合同或者排他许可合同。”技术合同法司法解释第二十一条规定：“技术开发合同当事人依照合同法的规定或者约定自行实施专利或使用技术秘密，但因其不具备独立实施专利或者使用技术秘密的条件，以一个普通许可方式许可他人实施或者使用的，可以准许。”二是有关优先受让权的规定。合同法第三百三十九条规定：“委托开发完成的发明创造，除当事人另有约定的以外，申请专利的权利属于研究开发人。研究开发人取得专利权的，委托人可以免费实施该专利。研究开发人转让专利申请权的，委托人享有以同等条件优先受让的权利。”第三百四十条第一款规定：“合作开发完成的发明创造，除当事人另有约定的以外，申请专利的权利属于合作开发的当事人共有。当事人一方转让其共有的专利申请权的，其他各方享有以同等条件优先受让的权利。"《中华人民共和国民法通则》第七十八条第三款规定："按份共有财产的每个共有人有权要求将自己的份额分出或者转让。但在出售时，其他共有人在同等条件下，有优先购买的权利。"《中华人民共和国物权法》第一百零一条规定："按份共有人可以转让其享有的共有的不动产或者动产份额。其他共有人在同等条件下享有优先购买的权利。"

通过梳理以上法律规定，可以归纳出专利、集成电路布图设计等共有专有权行使的共同特征：一是每一个共有人在没有征得其他共有人同意的情况下，不得将其所持有的那一部分权利进行转让，或者与他人订立独占许可合同或者排他许可合同；二是共有人不具备独立实施条件的，可以一个普通许可方式许可他人实施或者使用专有权，收取的使用费应当在共有人之间进行分配。共有人发放一个普通许可视为共有人自己实施；三是共有人一方转让其共有权的，其他各共有人享有以同等条件优先受让的权利。

以上法律规制主要系基于以下考量：一般而言，当专有权人为单个主体时，专有权人采取何种许可方式，法律通常不加干涉，因为专有权人对外采取何种方式的许可，完全取决于其对自身利益最大化考量的商业安排，而通常独占实施许可的许可费最高，此为让与人通过有条件退出市场的方式来换取较高许可费的市场回报。然而，当专有权处于共有状态下，则不同的许可方式在共有人之间会产生不同的影响。具体而言，独占实施许可将直接排除其他共有人的自行实施权以及对外发放普通许可的权利；排他实施许可则直接排除其他共有人对外发放普通许可的权利，同时亦可能对是否已经排除其他共有人的自行实施权产生争议；普通实施许可尽管并不影响共有权人的自行实施以及对外发放普通许可，但亦有可能潜在地影响共有权人以专有权投资或与他人合作等实现更大收益的商业机会。由此可见，当共有人许可他人实施专有权时，则无论采取何种性质的许可，对其他共有人的利益都可能产生实质性影响或重要影响。因此，未经其他共有权人同意，共有人不论其共有份额是否明确，都不得对外发放独占实施许可和排他实施许可，这是法律调整共有专有权法律关系的基本通则，体现出法律维护共有人之间利益平衡，促进专有技术转化、运用和推广的价值导向，尤其是法律规定共有权转让时同等条件下共有人享有优先受让权或优先购买权，对于维护无论是无形财产还是有形财产基于共有关系已经形成的经济秩序，防止共有人利益受到不当侵害，尽量实现共有财产价值最大化，具有重要意义。

至于共有人对外发放普通实施许可是否必须经全体共有人协商一致，相关规定并不十分清晰，专利法第十五条也只是规定有约定的从约定，没有约定的，共有人可以普通许可方式许可他人实施该专利，而对于是否需要共有人协商一致并没有作出规定。值得关注的是，我国著作权法实施条例第九条规定："合作作品不可以分割使用的，其著作权由各合作作者共同享有，通过协商一致行使；不能协商一致，又无正当理由的，任何一方不得阻止他方行使除转让以外的其他权利，但是所得收益应当合理分配给所有合作作者。"该条例所确定的"无正当理由不得阻止原则"，即作品共有权人行使共有权时，其他共有人无正当理由不得阻止，这对于促使共有人协商行使共有权具有法律指引作用，可作为解决共有人对外发放普通实施许可未能协商一致所致纠纷时的法律参照。

（三）关于能否直接将独占实施许可认定为普通实施许可。本案一审基于品种共有权人分别与他人签订的独占实施许可合同事实上无法履行，故认定本案独占实施许可合同应当认定为普通实施许可。而在另案中，一审虽认定苏科公司不具有品种独占实施权的转授权，其与润扬公司签订的《苏科麦一号种子授权生产销售合同》无效，但同时认定品种共有人史净泉有权授权润扬公司以普通许可方式实施品种权。总体上看，一审的裁判思路是两案均可以普通实施许可的方式继续履行合同，以此来解决两案独占实施权的冲突。对于上述裁判思路，如果各方当事人均能够接受，似乎也不失为一种妥善解决争议的方式之一。然而两案的基本事实是，无论是苏科公司抑或史净泉，还是魏某某一方，在两份合同履行过程中，均只获得约定的部分品种许可使用费，而对于未付部分款项，润扬公司和张某某在两案中的抗辩理由大致相同，均称自己与对方签订的是独占实施许可，因其他品种共有人又与他人签订独占实施许可合同，导致自己生产的种子无法实现独家销售，从而产生损失。基于上述事实，二审法院对独占实施许可合同与普通许可合同的性质及条款内容进行了分析，认为“由于独占实施许可合同的主要条款如许可方式、履行期限、地域范围、许可费数额及其支付方式等与普通实施许可存在很大差异，因此在共有人之间未能就合同主要条款达成一致的情形下，直接将独占实施许可变更为普通实施许可，由于涉及对当事人重大合同利益的调整，而这种调整因缺乏当事人合意基础，且面临合同主要条款需要重新商议以及发生违约行为后违约责任难以确定的问题，极有可能导致合同难以继续履行，对各方共有人的利益均有不利”“将独占实施许可直接变更为普通实施许可，缺乏法律依据，无助于纠纷的实质性解决，甚至可能导致发生更多的纷争。因此，在认定涉案协议无效的前提下，由共有权人自行协商如何行使共有权，既符合法律有关技术成果共有关系规定的精神，亦体现了对当事人意思自治的尊重。”最后，二审法院在判决书中还特别提出“尊重共有人优先行使原则”，并将其作为共有权行使的基本原则，即“对于共有权的行使，共有人应当本着尊重共有人优先行使的原则，通过充分协商并尽量消除分歧，才能满足不具备实施条件的共有人实施品种权的需要，并实现共有权人整体利益的最大化。”

（宋健　作者单位：江苏省高级人民法院法官）

六、其他类型案件

QI TA LEI XING AN JIAN

30

侵害经营信息类商业秘密的法律问题分析

——好事达公司与惠乐家公司、肖某等侵害商业秘密纠纷案

【案号】

一审：福建省福州市中级人民法院（2014）榕民初字第668号

二审：福建省高级人民法院（2015）闽民终字第1721号（注：本案审结时间为2017年）

【裁判要旨】

权利人主张其拥有的客户名单、价格体系、产销策略、管理诀窍和财务数据能否构成商业秘密，应当按照经营信息类商业秘密的一般要件和特殊要件进行逐一分析。如果相关的经营信息只是简单的数据统计，未能形成更有价值性的，区别于普通信息的深度信息，则不能认定为商业秘密。

【案情介绍】

原告好事达公司是一家从事室内家具和办公家具生产、开发、销售的企业。其销售模式包括在京东商城、当当网、亚马逊等大型电商平台上开展网销。被告肖某原系原告公司分管内销及电商的副总经理、郑某原系原告公司的运营总监、宋某原系原告公司电商经理。2011年肖某、郑某分别从原告公司离职，而后成立了被告惠乐家公司，之后原告公司内销和电商团队包括宋某在内的十多名员工亦陆续离职到惠乐家公司就职。好事达公司主张其在长期的经营管理过程中，形成了包括客户名单、价格体系、产销策略、管理诀窍和财务数据等四大类经营信息商业秘密。根据好事达公

司的申请，法院对惠乐家公司办公场所中郑某及宋某的个人电脑进行了证据保全，从二人电脑中提取了大量与涉及好事达公司经营信息的电子文件以及郑某等人在原告公司工作期间与电商工作人员进行交易磋商的电子邮件。好事达公司主张被告惠乐家公司通过被告肖某等三人所掌握的原告公司包括客户名单在内商业秘密，非法争夺原告公司包括电商、原材料供应商、经销商等客户，使用原告公司管理方法和诀窍，大肆进行不正当竞争。使原告公司蒙受巨大的经济损失，经原告公司委托评估，截止至2013年4月为止，原告公司因此遭受的损失已达上千万。好事达公司要求四被告应就此侵害商业秘密的行为对原告公司承担停止侵权及赔偿损失的法律责任。

一审法院经审理认为，好事达公司所主张的客户名单及价格价格体系符合商业秘密的构成要件，可以认定为商业秘密。而产销策略部分数据为公开信息，管理诀窍及财务数据则无法归纳出有效的秘密点，故不构成商业秘密。被告肖某等三人作为原好事达公司的管理人员，掌握好事达公司上述商业秘密。三人系以违反约定或其他不正当方式获取了属于好事达公司商业秘密的客户名单及价格信息，并在为被告惠乐家公司履职时使用了上述商业秘密。惠乐家公司在与组成好事达公司客户名单中的客户进行交易时使用了客户名单以及相关价格信息。四被告的行为相互结合，共同侵权了原告的商业秘密。法院最终判决四被告立即删除涉及好事达公司的商业秘密文件，停止利用好事达公司商业秘密中的客户名单、价格信息与京东网等电商运行交易；分别赔偿好事达公司经济损失共计250余万元。

原被告双方均不服原审判决，提起上诉。福建省高级人民法院经审理后判决驳回上诉，维持原判。

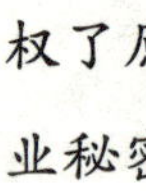

【法官评析】

商业秘密侵权案件历来是审理难度较大的一类知识产权案件。主要原因在于商业秘密法律制度的相关规定比较抽象原则，而商业秘密客体本身涉及技术信息及经营信息，类型及权利范围均难以固定。审理过程中涉及举证责任、信息对比、不正当手段的推定、客户名单的保护、竞业禁止、赔偿额的确定等一些具体问题也是难点。本案为典型的涉经营信息类商业秘密侵权案件，在是否构成商业秘密，如何确定权利范围及侵权责任承担等处理思路上对同类案件有一定参考意义。

一、商业秘密的概念及权利类型

《反不正当竞争法》第十条第三款规定：“本条所称的商业秘密，是指不为公众所知悉、能为权利人带来经济利益、具有实用性并经权利人采取保密措施的技术信息和经营信息。”至于技术信息和经营信息的具体类型和范围，法律和司法解释均没有给出列举式的规定。国家工商行政管理局发布的《关于禁止侵犯商业秘密的若干规定》第 2 条规定：“本规定所称商业秘密，是指不为公众所知悉、能为权利人带来经济利益、具有实用性并经权利人采取保密措施的技术信息和经营信息。本规定所称技术信息和经营信息，包括设计、程序、产品配方、制作工艺、制作方法、管理诀窍、客户名单、货源情报、产销策略、招投标中的标底及标书内容等信息。”这是目前对商业秘密具体类型最为详细的划分了。另外，鉴于司法实践中认定客户名单是否构成商业秘密和侵权难度较大以及认定标准不易掌握，《最高人民法院关于审理不正当竞争民事案件应用法律若干问题的解释》（以下简称《不正当竞争司法解释》对客户名单问题还作出了专门解释。该解释第 13 条规定：“商业秘密中的客户名单，一般是指客户的名称、地址、联系方式以及交易的习惯、意向、内容等构成的区别于相关公知信息的特殊客户信息，包括汇集众多客户的客户名册，以及保持长期稳定交易关系的特定客户。”具体到本案，原告好事达公司主张其商业秘密的范围包括客户名单、价格体系、产销策略、管理诀窍和财务数据等四大类，即为典型的经营信息类商业秘密。

二、商业秘密的构成要件

依照上述法律规定，商业秘密构成要件包括不为公众所知悉（秘密性）、价值性、实用性和合理的保密措施四项。在审查商业秘密构成要件时，审理的重点和难点主要在于“不为公众所知悉”和“保密措施”两个方面。关于“不为公众所知悉”的要件，《不正当竞争司法解释》第9条第1款规定：“有关信息不为其所属领域的相关人员普遍知悉和容易获得，应当认定为反不正当竞争法第十条第三款规定的“不为公众所知悉”。需要注意，商业秘密的“秘密性”是一种相对的秘密性，而非绝对秘密性，即并非要求商业秘密拥有人之外的所有人都不知悉有关信息。关于“保密措施”的要件，《不正当竞争司法解释》第11条第1款规定：“权利人为防止信息泄漏所采取的与其商业价值等具体情况相适应的合理保护措施，应当认定为反不正当竞争法第十条第三款规定的保密措施”。需要注意，要求经营者所采取的保密措施要与其信息的商业价值等具体情况相适应。即针对经营者采取的具体的保密措施，需要考察信息载体的特性，即不同载体的保密措施应当是不同的，需要根据载体的具体情形“量体裁衣”，而不是笼统地“一视同仁”。另外，从该条第3款列明的“保密措施”看，实际上司法解释并未对保密措施的合理性提出过高要求，有的甚至只是象征意义的措施，如“在涉密信息的载体上标有保密标志”。作出这样的规定，显然有利于商业秘密权利人权益的保护。如上所述，可以作为商业秘密受到反不正当竞争法保护的信息类型有很多种，但司法解释和各地的指导意见进行规定的信息类型唯有客户名单，这说明了客户名单的特殊性，说明了在审判实践中对于什么样的客户名单可以作为商业秘密受到反不正当竞争法保护存在争议，存在难以判断的情况，需要结合案件具体情况进行具体判断。如北京市高级人民法院出台的《关于审理知识产权纠纷案件若干问题的解答》第14条就规定：“客户名单构成商业秘密，应符合商业秘密构成的一般要件，应特别注意审查客户是否特有的或者是否具有特殊性，客户名单是否由权利人通过劳动、金钱等投入获得的。”至于除客户名单以外的其他经营信息类商业秘密，司法解释并没有再一一进行列举式的规定。实践中如何认定，按照商业秘密的一般构成要件进行判断即可。

具体到本案，好事达公司主张其商业秘密包括客户名单、价格体系、产销策略、管理诀窍和财务数据等四大类经营信息。法院经审查认为，好事达公司主张的客户名单在秘密性、价值性、实用性和保密措施方面符合商业秘密的法定要件，构成商业秘密。价格体系非独立信息，应当包含在客户名单信息之中。而产销策略、管理诀窍和财务数据由于未能形成更有价值性的深度信息、缺乏固定载体及秘密性等原因，法院认为并不构成商业秘密，不应予以保护。

三、侵害商业秘密案件中举证责任的分配

《不正当竞争司法解释》第 14 条规定："当事人指称他人侵犯其商业秘密的，应当对其拥有的商业秘密符合法定条件、对方当事人的信息与其商业秘密相同或者实质相同以及对方当事人采取不正当手段的事实负举证责任。其中，商业秘密符合法定条件的证据，包括商业秘密的载体、具体内容、商业价值和对该项商业秘密所采取的具体保密措施等。"需要注意，与侵害方法专利中的法定举证责任倒置不同，《反不正当竞争法》对于侵害商业秘密的有些要件事实的举证责任是否可以倒置并未作出规定，因此，《不正当竞争司法解释》也未就此作出规定。对于侵害商业秘密案件的举证责任，笔者认为还是应当按照《民事诉讼法》规定的"谁主张谁举证"的原则和最高法院民事诉讼证据若干规定的有关举证责任的一般规定进行适用。

另外还有和举证相关的三个问题需要注意：一是商业秘密的载体。一般情况下，原告应当举证证明其所拥有的商业秘密是以何种有形形式进行保存的。但实践中有一种特殊情形是，在侵权行为发生后，由于侵权人将涉商业秘密的书面材料或者电子文档全部或部分带走，而原告并没有复制件或者材料不完整。此时，不应机械认为原告未能提供商业秘密的载体，未完成举证责任而承担不利后果。可以根据原告的申请，通过证据保全的手段，就该部分事实进一步查明。本案即为该种情况，好事达公司所主张的部分商业秘密内容就是被被告郑某等私自带离，在法院进行证据保全时从郑某等使用的办公电脑中发现的。法院认为由于郑某等未能就该部分涉及原告公司资料的合法来源作出合理性解释，故该部分资料虽不由原告控制，但仍可认定属于原告所有。二是商业秘密具体内容的固定。按照民事诉讼的一般要求，原告在起诉的时候一般要对其所拥有的商业秘密类型及具体范围进行固定。但考虑到商业秘密案件的特殊性。在案件审理过程中，应当允许权利人对其商业秘密的内容和范围进行明确和固定，人民法院在此基础上进行的审理和裁判，只要不影响当事人的程序性权利，即不构成超出诉讼请求的裁判。对于上述观点，最高人民法院在审理的新发公司与鑫富公司等侵害商业秘密纠纷一案中解释到：在商业秘密侵权纠纷审判实践中，参加诉讼的原告即商业秘密权利人内部的技术人员、法务人员、管理人员或者外请的代理律师会对商业秘密范围有不同的理解，甚至同一诉讼参加人随意诉讼进程的推进，对商业秘密范围也会有不同的认识。人民法院审理商业秘密侵权纠纷首先需要做的工作就是由原告固定商业秘密的范围。这是商业秘密侵权纠纷不同于其他知识产权侵权纠纷的特殊之处。人民法院根据原告固定后的商业秘密范围进行审理和裁判，只要不影响被告的程序权利，应当允许，不构成超出诉讼请求裁判。具体到本案，由于好事达公司的部分商业秘密资料被被告郑某等私自带离，原告在起诉时未能对其所主张的商业秘密内容进行固定，而是在法院进行证据保全后并随着案件审理的推进逐步固定的。按照最高法院的上述裁判观点，原告的这种诉讼行为不应视为举证不充分。三是关于商业秘密侵权认定中对不正当手段的事实推定问题。就侵害商业秘密案件中“不正当手段”的认定而言，如果原告能够证明被告的信息与其商业秘密相同或者相似，且被告有接触原告商业秘密的条件，那么根据日常生活经验，被告从原告处获取商业秘密的盖然性就很高，因此，可以推定其采取了不正当获取手段。同时，允许被告就其获取信息的正当性提供反证，有相反证据足以推翻该推定的，完全是允许的。《不正当竞争司法解释》第 14 条虽然将举证责任分配给原告，但就具体的证明方式而言，由原告证明特定的前提事实，再据此推定不正当手段，只是免除了其中的部分举证内容，而仍然由原告承担前提事实的举证责任，这种推定的方法已经在司法实践中得到较为广泛的运用。具体到本案，从法院保全的情况来看，郑某等电脑中保存了大量涉及好事达公司商业秘密的电子文件。由于这些构成商业秘密的客户名单资料并非好事达公司的废弃资料，好事达公司也未许可郑某等在离职时带走，所以二被告擅自将客户名单资料带离的行为应认定为违反保密义务而不正当获取他人商业秘密。另外，从郑某等电脑中保全到的部分涉及好事达公司商业秘密的文件从时间来看，是二人从好事达公司离职后形成的。关于这部分资料，郑某等未能就其合法来源提供证据证明，亦可认定为二人以不正当方式所获取。

（蔡伟、陈颖　作者单位：福建省高级人民
法院知识产权审判庭、福建警察学院）

图书在版编目（CIP）数据

中国知识产权审判年度典型案例评析．2018年卷／《中国知识产权审判年度典型案例评析》编委会编．—北京：中国法制出版社，2018．4

ISBN 978－7－5093－9366－6

Ⅰ．①中… Ⅱ．①中… Ⅲ．①知识产权－审判－案例－分析－中国 Ⅳ．①D923．405

中国版本图书馆CIP数据核字（2018）第051799号

策划编辑：黄会丽、李小草　　责任编辑：黄会丽　　封面设计：杨泽江

中国知识产权审判年度典型案例评析．2018年卷

ZHONGGUO ZHISHI CHANQUAN SHENPAN NIANDU DIANXING ANLI PINGXI．2018NIANJUAN

编者／本书编委会

经销／新华书店

印刷／三河市紫恒印装有限公司

开本／710毫米×1000毫米　16开　　印张／14．75　字数／172千

版次／2018年4月第1版　　2018年4月第1次印刷

中国法制出版社出版

书号 ISBN 978－7－5093－9366－6　　定价：50．00元

北京西单横二条2号

邮政编码 100031　　传真：66031119

网址：http：／／www．zgfzs．com　　**编辑部电话：66070084**

市场营销部电话：66033393　　**邮购部电话：66033288**

（如有印装质量问题，请与本社编务印务管理部联系调换。电话：010－66032926）